青少年爱国主义教育及国家版图知识丛书

中华文脉

《祖国在我心中》编委会　编著

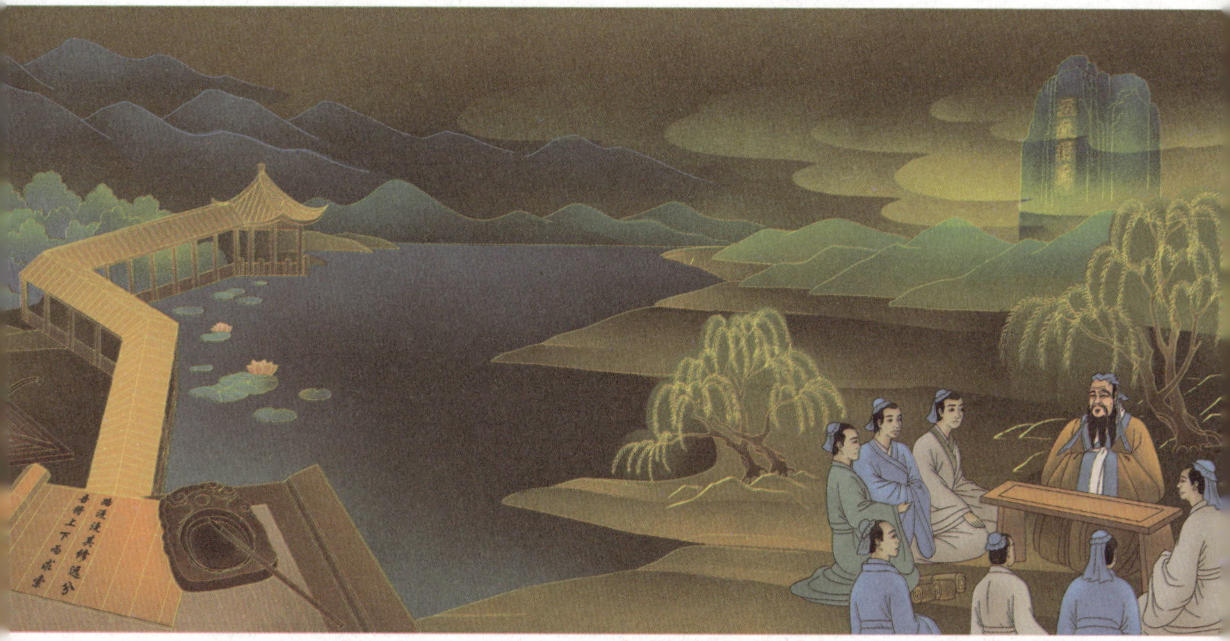

中国地图出版社
北京

图书在版编目（CIP）数据

祖国在我心中．中华文脉／《祖国在我心中》编委会编著．－－北京：中国地图出版社，2020.12
（青少年爱国主义教育及国家版图知识丛书）
ISBN 978-7-5204-2067-9

Ⅰ．①祖… Ⅱ．①祖… Ⅲ．①爱国主义教育－中国－青少年读物②中华文化－青少年读物 Ⅳ．① D647-49 ② K203-49

中国版本图书馆 CIP 数据核字（2020）第 237191 号

ZUGUO ZAI WO XINZHONG ZHONGHUA WENMAI
祖国在我心中·中华文脉

出版发行	中国地图出版社	邮政编码	100054
社　　址	北京市西城区白纸坊西街3号	网　　址	www.sinomaps.com
电　　话	010-83493075　83543906	经　　销	新华书店
印　　刷	保定市铭泰达印刷有限公司	印　　张	9.5
成品规格	170 mm×240 mm		
版　　次	2020年12月第1版	印　　次	2024年2月河北第5次印刷
定　　价	28.00元		
书　　号	ISBN 978-7-5204-2067-9		
审 图 号	GS（2020）6811号		

本书中国今国界线系按照中国地图出版社1989年出版的1:400万《中华人民共和国地形图》绘制
如有印装质量问题，请与我社联系调换
本书中有个别图片，我们经多方努力仍未能与作者取得联系。烦请作者及时联系我们，以便支付相关费用

《祖国在我心中》编委会

主　　编　陈　平　徐根才　唐建军　常宗耀
执行主编　周　涛　王　玮
编　　委（按姓氏笔画排序）
　　　　　王　静　冯文攀　朱兰婷　安昱瑄　李　铮　吴　磊
　　　　　何　慧　沈万君　苗　菲　段淑强　袁宏霞
项目统筹　周　涛　朱兰婷

《中华文脉》编辑部

责任编辑　苗　菲
编　　辑　李　铮　何　慧　李　静　杜怀静　段淑强　安昱瑄
　　　　　王晓元
审　　校　冯文攀　李　静
特约审稿　刘　涟
出版审订　王　玮
插画绘制　李　运　原琳颖　罗小芳
装帧设计　风尚境界
图片提供　摄图网　微图网　FOTOE　汇图网

前　言

中华民族在几千年绵延发展的历史长河中，创造了博大精深的中华文明，书写了波澜壮阔的中华民族发展史，建立了统一的多民族国家，形成了守望相助的中华民族大家庭，培育、继承并发扬了历久弥新的伟大民族精神。在中华民族核心的精神品质中，爱国主义始终是激昂的主旋律，始终是激励我国各族人民自强不息的强大力量，激励着一代又一代中华儿女为国家富强而不懈奋斗。

习近平总书记指出，弘扬爱国主义精神，必须把爱国主义教育作为永恒主题。要把爱国主义教育贯穿国民教育和精神文明建设全过程。要深化爱国主义教育研究和爱国主义精神阐释，不断丰富教育内容、创新教育载体、增强教育效果。

为贯彻习近平总书记的重要指示精神，推动《新时代爱国主义教育实施纲要》的落实，我们编写了这套青少年爱国主义教育及国家版图知识丛书——《祖国在我心中》。丛书秉持"以理服人、以文化人、以情感人"的理念，分10册，多角度、多侧面、立体式地介绍国情，内容涵盖地理、历史、经济、政治、文化、国防、科技、艺术、社会生活、民族团结和国际交往等方面，将政治与社会、地理与人文、历史与民俗、过去与未来、建设与成就、中国与世界相互交织，知识丰富，生动有趣，可读性强，力求呈现一个鲜活、奋进、自信的中国形象，有助于青少年读者全

方位了解伟大的祖国，培养和激发爱国热情，提升民族自豪感和文化自信心。

丛书图文并茂，融入了鲜明的版图特色和地图特色。书中配置了大量地图，每一册的最后还专门设置了"爱我版图"专栏，将知识与地图融为一体，普及了地图知识，宣传了中国国家版图意识。丛书通过对青少年读者进行正规而系统的国家版图意识教育，帮助他们对国家版图的概念及其相关知识形成正确的认识，学会规范使用地图，从而自觉维护国家主权和领土完整。

我们生于斯长于斯的伟大祖国，如万里画卷，似千年诗章，有着览不尽的辉煌壮丽，有着品不完的厚重深沉……翻开这套丛书，总有一种情感温润你的眼睛，必有一种信念打动你的心灵。青少年朋友们，让我们牢记习近平总书记的谆谆教导，时刻把祖国和人民放在心中，把爱我中华的种子埋入心灵深处，培养爱国之情，砥砺强国之志，实践报国之行，让爱国主义精神代代相传，发扬光大，为实现中华民族伟大复兴的中国梦而奋勇前进！

《祖国在我心中》编委会

图 例

地 理 地 图

★ 北京	首都	....	省级界
⊢—⊣	洲界	------	特别行政区界
——— 未定	国界	〜	河流
--------	地区界	◇	湖泊
++++	军事分界线、停火线	〜	海岸线

历 史 地 图

◎ 洛阳	都城	⊓⊔⊓	长城
⊙ 邯郸	郡、州、省级驻所 (同今省级行政中心)	▲	山峰
○ 兰陵	重要地点	〜	海岸线
开封 黄河	今注记	〜	今海岸线 (适用于古今对照的图幅)
⊢—⊣	洲界	〜	河流
———	国界	◇	湖泊
———	今国界 (适用于古今对照的图幅)		

目　录

第一章　百家争鸣

天下大同的儒家风范	2
自然无为的道家智慧	14
富国强兵的法家思想	21
兼济天下的墨家思想	27
百家争鸣中的其他流派	34

第二章　文学精粹

中国文学的源头	42
汉代的辞赋、散文和诗歌	49
流芳千古的唐诗宋词	55
名扬中外的明清小说	64

第三章　艺术之美

精彩纷呈的书画世界　　74
绕梁三日的琴瑟之音　　85
成就卓越的建筑艺术　　91
多姿多彩的其他传统艺术　　99

第四章　科学技术

辉煌灿烂的中国古代科学　　108
享誉世界的四大发明　　120
硕果累累的其他科技成就　　128

专　栏　爱我版图

中国的邻国及边界　　140

第一章
百家争鸣

春秋战国时期是社会大动荡、学术思想非常活跃的时期。当时各种学说蓬勃兴起，产生了一大批对后世影响深远的思想家。各学派针对一些社会问题提出了自己的思想主张，著书立说，在中国思想文化史上形成了一个空前繁荣的百家争鸣的局面。

百家争鸣奠定了中国古代文化发展的基础，在中国思想发展史上占有重要的地位。当今，我们要"取其精华、去其糟粕"，结合时代条件加以继承和发扬，不断赋予其新的含义。

天下大同的儒家风范

在春秋战国时期形成的众多流派中，以孔子、孟子为代表的儒家学派几经周折，不仅在诸子百家中地位显著，而且儒家学说还成为后世文化的主流，对中华文化的形成与发展产生了深远的影响，也对周边国家甚至全世界都有很重要的意义。

"儒"的起源

儒家的创始人是孔子。经过春秋战国时期的发展，儒家已十分壮大，但是，秦始皇时期"焚书坑儒"等措施，使其遭受了重创。后来汉武帝为了加强对思想的统一，接受了董仲舒"罢黜百家，独尊儒术"的建议，把儒家学说立为正统思想，从此，儒家思想逐步成为封建社会的正统思想。

有学者认为，古代的"儒"最初是指专门从事办理丧葬、祭神礼仪的原始宗教人员，而后逐渐形成了一种相对独立的职业，属于早期的知识分子阶层。后来，他们中的一部分人分化出来，利用所掌握的关于"礼"的相关知识和经验，成为专门为贵族相礼的实践家。而这些礼仪、规范也就成了儒家思想的基础。

孔子所谓"君子"那样的儒者，不仅身份更高贵，理想也更高远。到了孟子，则明确提出"穷则独善其身，达则兼善天下"的处世原则，意思是人在不得志的时候要管好自己的道德修养，得志的时候就要努力让天下人都能获益。

万世师表——孔子

孔子（公元前551—前479年），名丘，字仲尼，鲁国陬邑（今山东曲阜东南）人。先世是宋国贵族，因避乱，逃至鲁国。孔子聪明好学，二十岁的时候，学识就已经非常渊博。他曾经也做过官，但是历经十四年也未曾被重用。他携弟子周游列国，均未得到重用，最终返回鲁国。政治上的不得意，使孔子将大部分精力用在了教育事业上。他开创私学，专心执教。

⊕孔子像

相传孔子弟子有三千多人，其中比较贤明的有七十二人，很多人都成了各国的栋梁之材。孔子对后世影响深远，被人们尊称为"至圣"（圣人之中的圣人）。时至今日，为了纪念孔子，全国许多地方都有祭孔子的习俗；每年的清明节，孔子后裔也会到山东曲阜的圣林举行祭祖大典。

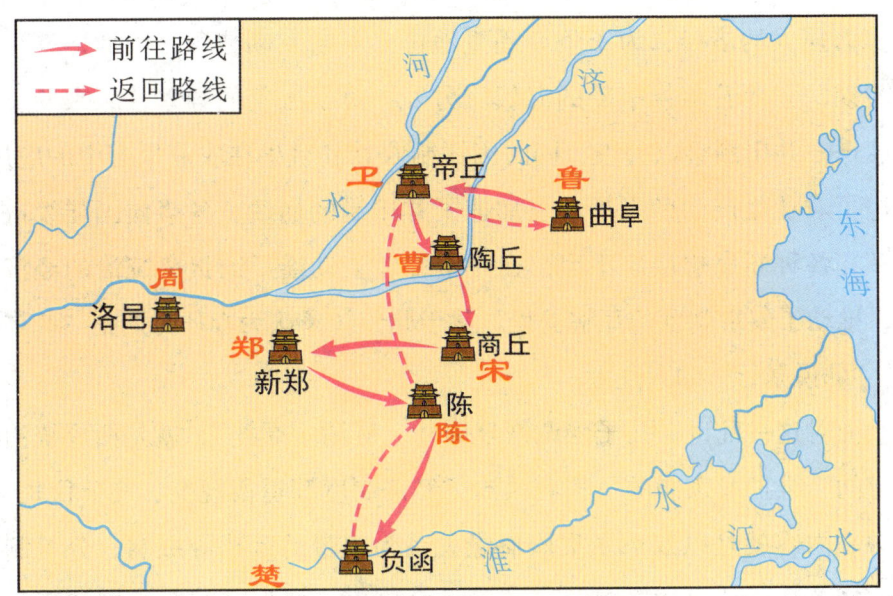

⊕孔子周游列国路线示意图

曲阜"三孔"

山东济宁曲阜的孔府、孔庙、孔林,统称曲阜"三孔",是中国历代纪念孔子、推崇儒学的表征,以丰厚的文化积淀、丰富的文物珍藏,以及科学艺术价值而著称。

孔府本名衍圣公府,是孔子世袭衍圣公的后代居住的府第,有"天下第一家"之称。孔林本称至圣林,为孔子及其家族的专门墓地,也是目前世界上延时最久、面积最大的氏族墓地。孔庙是我国历代封建王朝祭祀孔子的庙宇。它是一组具有东方建筑特色、规模宏大,气势雄伟的古代建筑群。

孔子作为中国乃至世界最伟大的思想家之一,其思想体系可谓包罗万象、博大精深。

孔子生活的春秋时期,周天子的势力已经大大削弱了。西周"礼乐征伐自天子出"的格局,到春秋时期则演变为"礼乐征伐自诸侯出"。一些实力强大的诸侯,为了争夺霸主地位,不断发动战争,因此,整个春秋时期,充斥着诸侯争霸的混战。另外,由于战争的频繁,原来的土地制度——井田制难以为继,同时因铁制农具和耕牛在农业生产中的应用,促进了农业生产力的发展,也加速了井田制的崩溃。各诸侯国陆续进行改革,各种新思想层出不穷,在一定程度上动摇了旧贵族统治的经济基础,推动了奴隶制度的瓦解进程。基于此,孔子认为春秋时期是"礼崩乐坏""邪说暴行"的大乱世。

面对这一乱世,孔子强调恢复周礼。所谓"周礼",就是西周统治者制定的、维护奴隶制的一整套政治、经济制度和道德规范、礼节仪式等,其中心内容就是以奴隶主贵族血缘关系为纽带的宗法等级制、分封制和礼乐制。孔子认为周礼是最完美的社会制度,要保证社会机制的正常运转,维护社会的稳定就必须恢复周礼的权威,重新肯定宗法等级制度的秩序。孔子强调自君臣至平民要按照周礼的制度各归其位，只做与自己身份相符合的事情，即所谓的"君君臣臣，父父子子"。

孔子虽然要求复兴周礼，但并不是完全因袭周礼，而是对周礼有一定的补充和发展。他的补充和发展的第一点就是将周礼的根本归纳为正名思想，这样就使周礼的指导思想更集中、更明确，也更理论化。其次，他对周礼的补充和发展表现在强化道德教化上，即加强人们对自身行为的道德感和自觉性，反对专以政令、刑法治国。

孔子正名思想的核心内容是对义与利关系的讨论。在孔子之前及同时代的人已对义利二者的关系有了初步的认识，义利已成为涉及政治、经济、伦理等诸方面并相互交织的问题之一，只是尚未形成较系统的认识。孔子的义利观是建立在此基础之上并使之初步系统化的，从而奠定了先秦儒家义利观的理论基础。

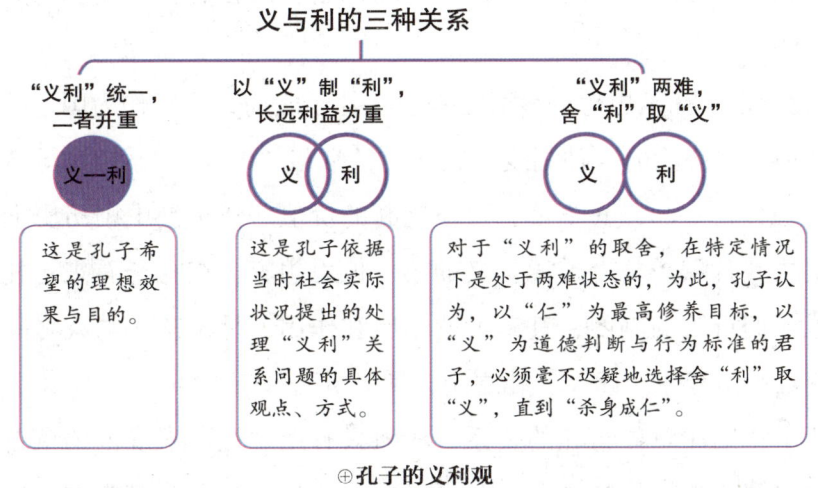

⊕孔子的义利观

孔子对周礼的再一个补充和发展就是提出"仁"。孔子关于"仁"的思想，构成其思想体系的核心，也是他的思想最具有特色的地方。

在孔子的思想体系中，"仁"体现多方面的伦理道德，也是对各种优秀品德的高度概括，而它的核心就是"爱人"。所谓"爱人"，指的就是人与人之间的相亲、相近、相趋、相合。"爱人"不仅要关爱与自己亲近的人，而且要关爱社会上所有的人，正如孔子要求弟子们所做的那样，"泛爱众，而亲仁"。这是一种广泛的爱，既要求普通人之间相互关爱，更侧重于要求统治者对人民的关爱。孔子主张关爱人民，竭力反对对人民过分的、残暴的、赤裸裸的剥削压迫，这又赋予了其"仁"学思想明显的伦理政治色彩。

更为重要的是，孔子所言的仁爱，不仅是要给予自己的亲人，而且要给予他人，乃至自然万物。后来孟子对孔子的仁学思想做了概括："亲亲而仁民，仁民而爱物。"孔子"仁"的思想具有超越时空的恒久价值。人之所以为人，一个重要的原因就是：人具有"仁"这样的道德理性，能够洞明事理，按照"仁"的法则去生活和发展。

孔子"仁"的思想，即便是在几千年后的今天，对于我们正确处理人与人、人与自然万物的关系，以实现自然、社会的和谐发展仍具有普遍适用性。

"礼"也是孔子思想的核心之一。在孔子之前，礼只作为国家政治生活中维护君主统治的一种制度，因此它常常与"敬天""祭祖"等各种祭祀仪式融合在一起，并不具有道德判断的价值。孔子是中国历史上揭示礼的实质并且赋予礼以道德含义的第一位思想家。在孔子看来，礼是一种规范人们行为的制度，其最大的功能和作用，是调整人与人之间的关系，使之和谐有序，此即"礼之用，和为贵"。

孔子特别注意仁与礼的关系，认为只有用"礼"来规范约束自己的行为，才符合"仁"的要求，因此，"礼"必以"仁"为其内在本质，或者说符合"仁"的"礼"才有意义。他说："克己复礼为仁，一日克己复礼，天下归仁焉。为仁由己，而由人乎哉？"这是说，只有在"克己"基础上"复礼"，才叫"仁"，即"克己"（使自己符合"仁"的要求）的"复礼"才有意义。否则，所谓"礼"只能是一种外在的形式。"礼云礼云,玉帛云乎哉?"孔子极力反对把"礼"变为一种单纯的形式,而主张树立遵守社会道德规范的自觉性,从而把外在的"礼"赋予"仁"的道德内涵,这是孔子对中国伦理思想的最大贡献。

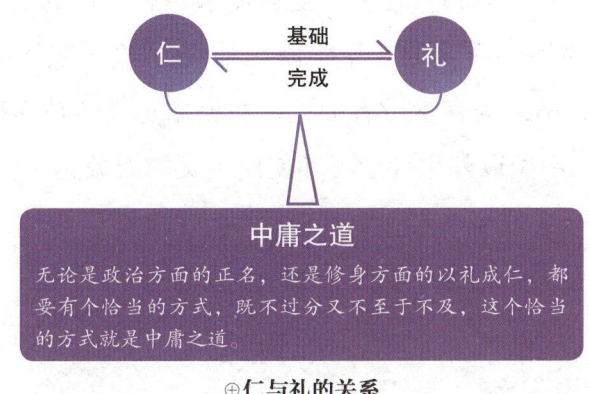

⊕仁与礼的关系

孔子不仅是大思想家,而且还是大教育家。他首创私学,打破了贵族和王室垄断教育的局面,提出了自己的教育主张。孔子在教学中,提出了"有教无类"等教育理念,注重"循序渐进""因材施教"等教学方法,更重要的是开创了"全能""全智""全德"的教育体系。其中在"全智"教育方面,孔子认为传授知识的教育和增进智慧的教育都必须在好学的基础上来完成。《论语》开篇便说:"学而时习之,不亦说乎?""时习"即指勤勉好学。对于学习,孔子提出首先应该采取虚心的实事求是的态度,"知之为知之,不知为不知"。其次,他主张学习知识要广泛,学习的途径要多样。对于流传下来的典籍,固然要"学而时习之",同时还要"每事问",要"不耻下问"。他说:"三人行,必有我师焉。择其善者而从之,其不善者而改之。"这就是说,可以向任何人学习。由于这种"学无常师"的方法,他在当时便得到了"博学"的美誉。此外,在学习方法上,孔子认为学与思要结合起来,"学而不思则罔,思而不学则殆",只有一边学习,一边思考,才能促进知识和智慧的增长。在此基础上,他还提倡"温故而知新"。

孔子的思想，在世界范围内有极大的影响。孔子的学说传到西方，是从四百多年前意大利传教士把记录孔子及其弟子言行的《论语》一书译成拉丁文带到欧洲开始的。而今，孔子思想进一步走向了世界。我国将孔子作为汉语教学品牌，在世界上有需求、有条件的地方建设以开展汉语教学为主要活动内容的孔子学院。如今，"汉语热"在全球持续升温，把汉语作为第二语言学习者的人数急剧增加，全球多所大中小学开设了中文课程，中国以外累计学习和使用中文的人数达2亿。

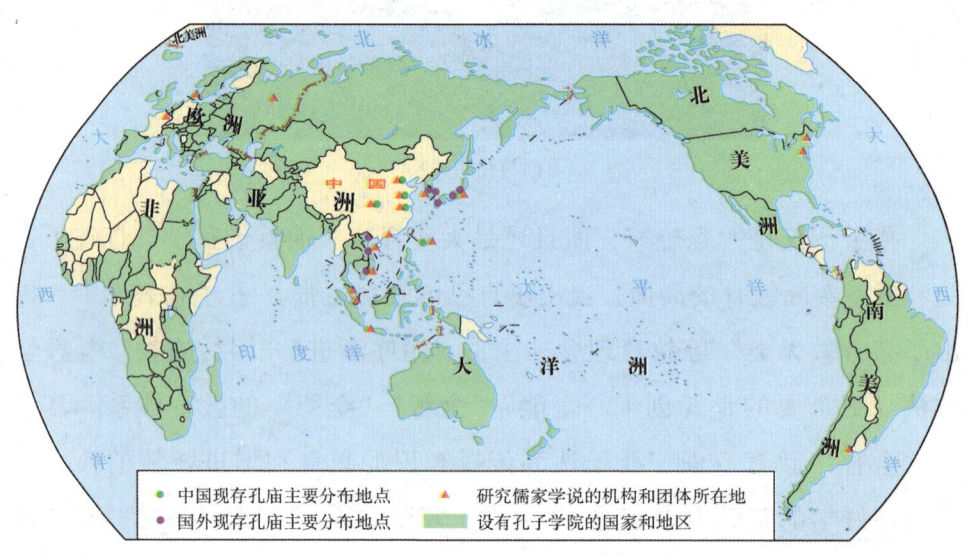

⊕ 孔子在世界上的影响

儒学大师——孟子和荀子

孟子（约公元前372—前289年），名轲，战国时期邹国（今山东邹城东南）人，他生活的年代比孔子晚百余年。大多数学者认为孟子受业于子思（孔子的嫡孙，即孔子之子孔鲤的儿子）的门人。他的思想被整理在《孟子》一书中。

⊕ 孟子像

孟子一生推崇孔子，认为"自生民以来，未有盛于孔子也"。他继承和发展了孔子思想，并不遗余力地进行传播，取得了辉煌的成就，被后世尊称为"亚圣"，儒家学说亦被称为"孔孟之道"。孟子学说的特点是以"心"释"仁"，以"义"行"仁"，是比孔子学说更为系统的仁学思想体系，使儒学发展进入一个新的历史阶段。

孟子继承和发展孔子"仁"的思想，提出了"仁政"学说，这是他政治思想的核心。

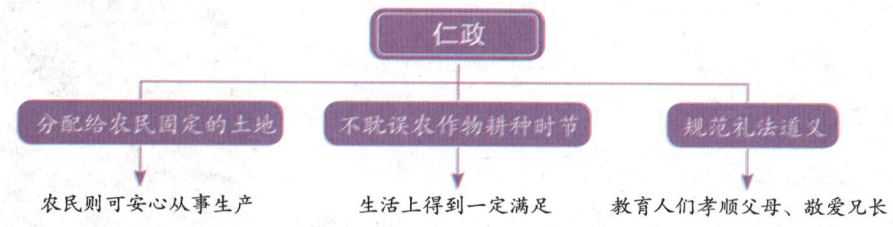

孟子主张统治者应施行仁政，让老百姓过上不愁饭食的生活，再推行道德教育，实现老有所养、幼有所教的天下大治。而对于不施仁政的暴君，孟子斥责他们为"独夫民贼"，提出"得天下有道，得其民，斯得天下矣。得其民有道，得其心，斯得民矣"的观点，并且提出"民为贵，社稷次之，君为轻"的"民贵君轻"思想，为儒家的"人本主义"奠定了基础。后来的儒家在政治思想方面注重民心向背得失，即起源于孟子的仁政学说。

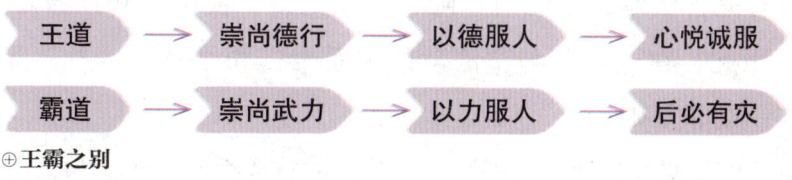

⊕ 王霸之别

虽然孟子对其政治哲学的阐述总是围绕着国君来展开的，但这并不意味着孟子的政治哲学是以君王为核心。孟子认为王与其说是一种身份，不如说是一种德行，只有德行达到一定程度才可被称为"王"。王道政治以君王之德为核心，王因其德而为王，百姓亦因王之德行而归心于王者。以力服人者虽然也能称霸，但得不到民心，当百姓的力量变强时，自然会推翻霸者的统治。

除了上述提到的"仁政"学说、"民贵君轻"思想外，孟子还主张"性善论"。他认为，人性是善的，就像水往低处流一样，是一个不争的事实。孟子的性善论对传统思想影响很大，宋代以后通用的蒙学课本《三字经》第一句话就是"人之初，性本善"，性善论也成为后世儒家的正统观念。然而，儒家另一位思想家荀子在人性的问题上却主张"性恶论"，与孟子的"性善论"形成了鲜明对立。

荀子（约公元前313—前238年），名况，字卿，战国末期赵国人，中国古代思想家、文学家、政治家。曾三次出任齐国稷下学宫的祭酒，后为楚国兰陵（今山东兰陵）令，最后老死于兰陵。他的思想保存在《荀子》一书中。

⊕ 荀子像

如果说孟子大力发扬了孔子"仁"的思想，那么荀子则发展了孔子"礼"的思想，同时吸收了先秦法家重法的思想，提出"隆礼""重法"的主张，大讲"礼"和"法"的重要性。但他讲的"礼"，已经不是孔子所讲的"礼"了，而是经过改造，有新的内容的封建等级制度，它适应了当时历史发展的潮流和趋势。在荀子看来，"礼"作为等级制度和社会规范，对于个人、社会和国家是不可缺少的，"礼"是君主用来衡量臣子的标准、尺度。对于"法"，荀子以"法"为治国的工具，认为只有完善法制，才能与"隆礼"相配合，使国家和社会走上正常轨道。因此，在"礼"与"法"的关系上，荀子认为"礼"是"法"的根本原则和基础。

荀子也强调人类社会"群"与"分"的重要性。荀子认为，人与其他物或物类是有区别的，这种区别主要在于人是有组织的"群"。他认为，人的气力不如牛，走路不如马，但为什么人能够组织成"群"，而牛马不能呢？那是因为人能够"分"，即人有一定的等级区分和职业区分。至于人之所以能够实行"分",则是因为有一定的社会制度和道德规范("礼义")的保证和约束。

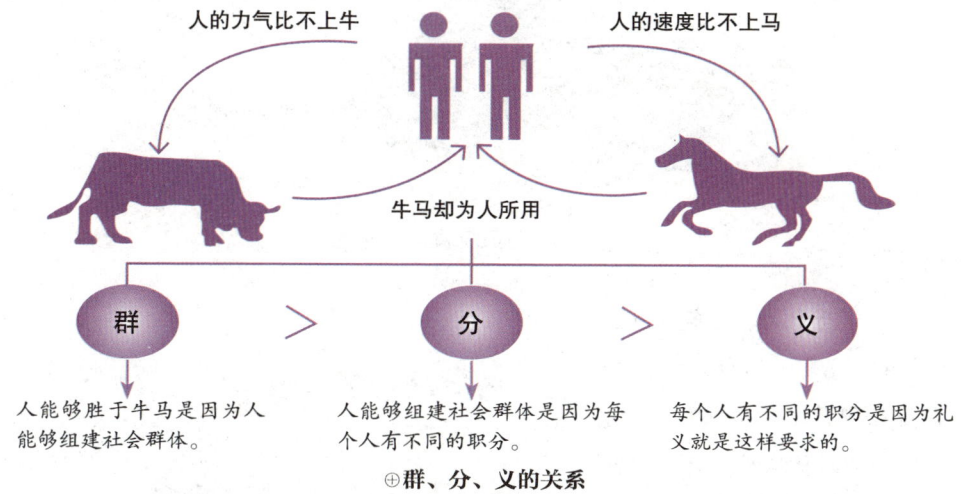

⊕ 群、分、义的关系

此外,荀子还提出了"青,取之于蓝而青于蓝"的教育思想,"法后王"的治国思想及一系列逻辑思想。他作为先秦哲学的集大成者,对后世的影响是多方面的。

孟子的"性善论"和荀子的"性恶论"

孟子认为,人生来都有最基本的天赋本性,这就是"性善"或"不忍之心"。他认为,"人性之善也,犹水之就下也。人无有不善,水无有不下"。他举例说,人突然看见小孩掉到井里去,都会有救人的举动,不是因为认识小孩的父母,不是要在乡里获得好名声,也不是讨厌小孩子的哭叫声,而完全是从人天生的本性中发出来的,这就是"不忍之心"。"不忍之心"又叫"恻隐之心",与"羞恶之心""恭敬之心""是非之心"合称"四心"。这"四心"分别对应四种美德:恻隐之心与仁相应,羞恶之心与义相应,恭敬之心与礼相应,是非之心与智相应。这向善的"四心"和"四德"是人先天具有的,而不是由外在塑造的,这就是孟子的性善论。

⊕ 善的本性

荀子认为，一般所谓的"善"就是一切行为都符合道德规范，服从礼仪制度。他认为，从这种"善"的含义来讲，在人的本性中是没有的。相反，人生来就好利、嫉妒、喜声色，如果不加克制，发展下去就会产生争夺、犯上等行为，所以人性是恶的。

⊕ 恶的本性

需要说明的是，荀子虽然提倡"性恶论"，但是并不是告诫人们要消极对待，而是强调"恶"是可以通过礼教和外界环境的影响以及自身的不断努力去改变的，最终达到"善"的境界。因此，"性善论"与"性恶论"可以说是殊途同归，它们都要求人们树立道德观念，积极向善。

孟子和荀子是继孔子之后儒家学派最具有代表性的人物，他们不同程度地继承和发展了孔子的学说，对儒学的发展作出了巨大贡献。

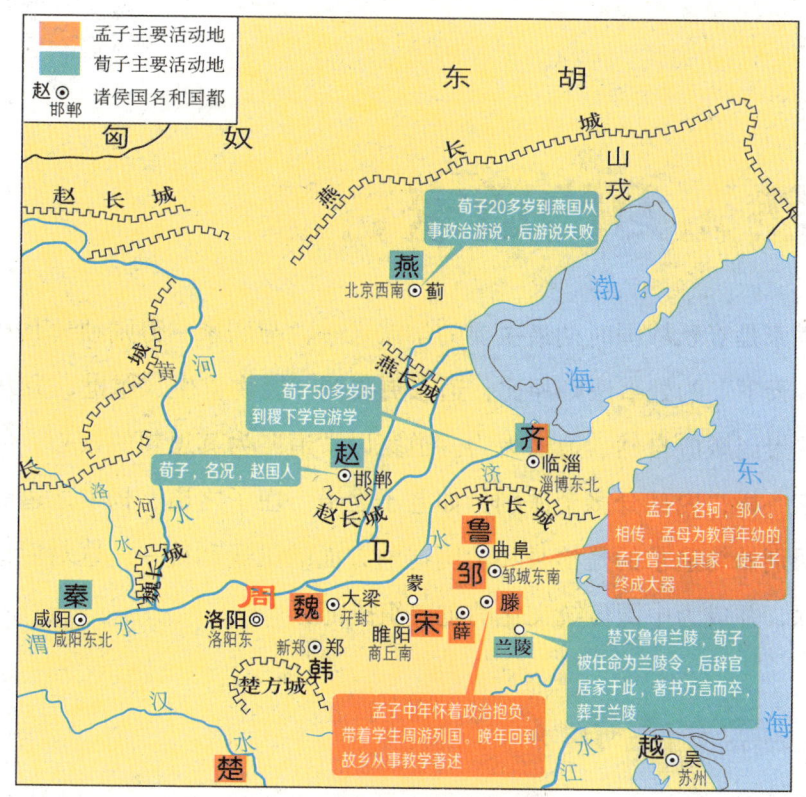

⊕ 孟子和荀子主要活动区域示意图

儒家思想的精神慢慢渗入人们日常的生产和生活之中，逐步成为中华文化及世界文化不可分割的一部分。对儒家思想的弘扬及其时代价值的彰显，是对世界文化的一种巨大贡献。

自然无为的道家智慧

道家是春秋战国时期最主要的学派之一,与儒家"穷则独善其身,达则兼善天下"的处事法则相比,道家更强调"轻物重生、遁世、穷万物",他们更崇尚顺应自然、逍遥无为。道家以"道"为其思想的核心,但同其他各家一样,内部分多个派别,如老子之道、庄子之道、杨朱之道等。道家各派别始终追求的是治身和治国这两方面的贯通和统一,这对后世的影响极深,并成为中国传统文化的重要组成部分。

顺应自然的老子

⊕ 老子像

老子,姓李,名耳,字聃,生活的年代为春秋晚期,是中国古代思想家、哲学家、文学家和史学家,道家学派创始人。他与孔子同时代而稍早,做过周朝的史官,主要负责管理王室的典籍。老子学识渊博,据说,孔子曾经向他请教过关于礼的一些问题。

《老子》又称《道德经》,是道家的经典。老子的智慧集中体现在《道德经》中,对后世影响极大。习近平总书记在讲话中就经常引用《道德经》中的箴言警句,比如他在接受金砖国家媒体联合采访时说:"要有'治大国如烹小鲜'的态度,丝毫不敢懈怠,丝毫不敢马虎,必须夙夜在公、勤勉工作。"习近平引用的话就出自老子的《道德经》,形容的是一种治国艺术。

又如，习近平总书记讲到，"图难于其易，为大于其细。天下难事，必作于易；天下大事，必作于细"，体现了实干兴邦的思想。

"道"是老子思想中最重要的概念，它有丰富的含义。首先，老子认为，"道"先天地而存在，是万物的本原，整个世界万事万物都是从"道"那里派生出来的，即"道生一，一生二，二生三，三生万物"。

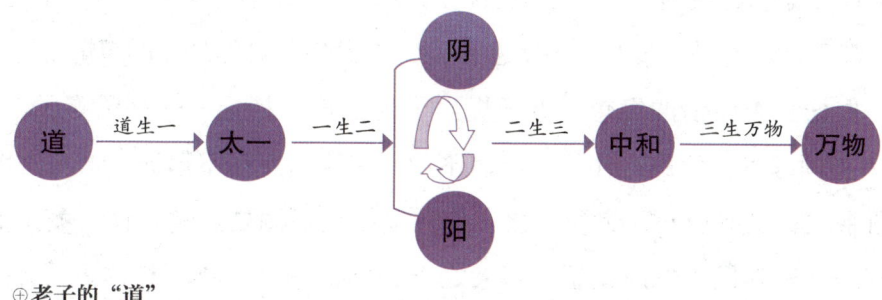

⊕ 老子的"道"

"道生一"既有指具体万物形成前的统一状态的意思，又有"道"使万物获得统一原则的意思。有了这样的统一状态和原则，然后分化为天、地（阴、阳），通过阴阳变化形成一种中和的状态，万物在这种状态中产生。

其次，"道"是一个混成之物，它自身包含"无"和"有"两方面，是"无"和"有"的统一体。在此基础上老子提出了朴素的辩证法思想，指出世间的事物都有其对立面，对立的双方可以互相转化。

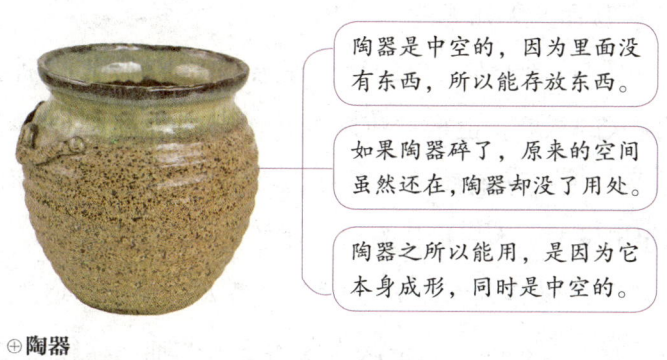

⊕ 陶器

老子以陶器为例，他说"埏埴以为器，当其无，有器之用"，同时又说"有之以为利，无之以为用"，可见"有"之用在于"无"，而"无"之可用在于"有"。

老子的社会政治观集中体现为"无为而治"。老子对当时的社会变化和社会现实有自己的看法。他认为，天地万物都是由"道"化生的，而道所遵循的又是自然的规律，也就是"道法自然"，既然道以自然为本，那么对待事物就应该顺其自然，无为而治。让事物按照自身的必然性自由地发展，使其处于符合道的自然状态，不对它横加干涉，只有这样，事物才能正常地存在和健康地发展。当然所谓的"无为"并不是一无所为，不是说什么都不做，而是不妄为，不随意而为，不做违反自然规律的事情。

根据无为而治的思想，老子提出了他的理想社会——小国寡民。他说："小国寡民，使民有什伯之器而不用，使民重死而不远徙。虽有舟舆，无所乘之；虽有甲兵，无所陈之。使民复结绳而用之。甘其食，美其服，安其居，乐其俗。邻国相望，鸡犬之声相闻，民至老死不相往来。"就是说，国土很小，人民很少，没有冲突和纠纷，纵使拥有兵器也用不着，没有苛刑暴政，人民也不需要冒着生命危险迁移远方了。虽然有船只车辆，也没有机会乘坐；虽然有盔甲，也没有机会去使用。使百姓吃得香甜，穿得漂亮，住得舒适，过得快乐。虽然国与国之间可以相互望得见，也能听到彼此的鸡犬之声，但人民却从不互相往来。想要达成这样的理想，国家的统治者就要实行老子所说的圣人之治，让百姓"虚其心，实其腹，弱其志，强其骨"，从而"无知无欲"。

"小国寡民"是老子对自己的社会理想所作的阐述，这种社会生活状态颇有桃花源式的意境，也是一种只能形成于书面的空想，是不可能实现的。"小国寡民"是老子有感于当时社会纷争扰攘的混乱局面所提出的一种从寡欲思想出发的、人民世代安居乐业的美好愿望。

此外，在个人修养方面，老子树立了圣人的标准和境界。与儒家修德而成圣的修养方式不同，老子认为成为圣人的唯一途径就是遵循大道，"孔德之容，惟道是从"，遵循大道就是最伟大的德行。既然大道让世间万物正反相成，所以人在作为时也要随顺这一规律，"图难于其易，为大于其细"，在事物的转化发展过程中做到"慎终如始"，如此"则无败事"。

"紫气东来"之说

相传，老子七十多岁时，天下大乱，诸侯为争夺地盘和权位，战争频发，老子预想将发生更大的战乱，遂辞官，骑着一头青牛，离开了洛阳向西而去。

一个清晨，函谷关善观天象的关令尹喜突然看见东方紫气氤氲，知有圣人将至，便出关相迎。不久，果然见一个道骨仙风的老者骑着青牛悠悠而来，这老者就是老子。尹喜把老子留下来，请他做篇文章再走，老子就写了专门讲"道"和"德"的文章，后来人们把这篇文章成书，书名就叫《老子》，又叫《道德经》。

老子写完文章后，骑着青牛继续向西走，不知所终，遂有"紫气东来"之说。

逍遥无为的庄子

庄子（约公元前369—前286年），名周，字子休，宋国蒙（今河南商丘附近）人，与孟子同时代而稍后，是我国古代的文学家、思想家、哲学家，后人常常把他与老子并列，合称"老庄"。他曾做过管漆园的小吏，除此之外,他一生基本上是过着隐士的生活,著有《庄子》一书。《庄子》是哲学著作,也是文学典籍,它充分展示了庄子超凡的想象力和优美飞扬的文采,浪漫主义气息十分浓厚,对后世的文学创作产生了极为深远的影响。

⊕庄子像

庄子作为战国时期道家学派的重要代表,他继承和发展了老子的思想,在将"道"确立为天地万物之本原的基础上,进一步对道的存在形式做了说明,他认为既然万物都是由道生出的,那么万物也就自然地内含着道,所以万事万物都体现着道。

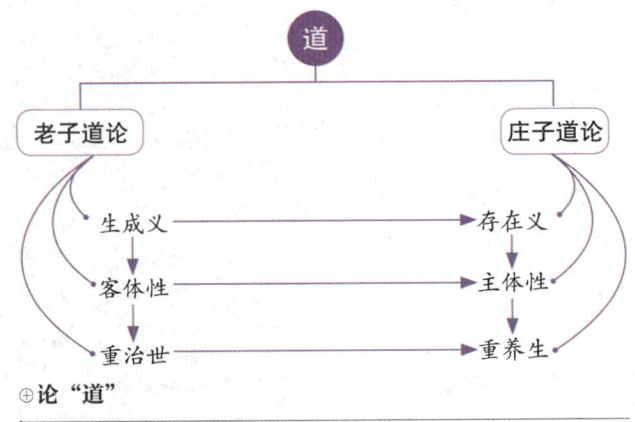
⊕论"道"

关于"道",老子与庄子的认知是较为统一的,二人都认为道是万物的本原。但是在论述的角度上,老子侧重于从生成的角度来讲,而庄子则侧重于从存在的角度来讲,这也是二人道论思想不同的节点所在。

除了"道"之外,庄子思想的中心还体现在他的人生观上,即逍遥无为,追求绝对精神自由。在庄子看来,人之所以有痛苦、不自由,是因为受到现实世界的困扰,受到各种物质条件的限制以及自身的束缚。在《庄子·逍遥游》中,庄子借由大鹏与斥鷃讲述了小大之辩。在庄子看来,大鹏与斥鷃虽然有大小的不同,但如果按其本性自由飞翔,则都可以获得相对的逍遥。说这种逍遥是相对的,是因为这种逍遥是"有待"的,即它需要外在的条件。想要获得绝对的逍遥,就要从有所待转变为无所待,即不依靠任何外界条件就能获得的绝对自由。这种自由就是将自我从条件的束缚中超脱出来,"独与天地精神往来,而不敖倪于万物",这样就与大道合一了。

对于庄子来说,最高的逍遥境界是无所待,是"无己""无功""无名"。这是一种超越了对立的自由境界,因为与大道万物相合,所以无己,这便超越了最根本的对立;自我既然已被超越,精神得到了绝对自由,自然不会再受功名的牵绊。

道生养万物,同时也内在于万物之中,成为万物的自然天性,这既是自由的本质,也是自由得以可能的逻辑前提。人既然是天地万物之一员,自然也在本性中拥有这种无条件的自由。

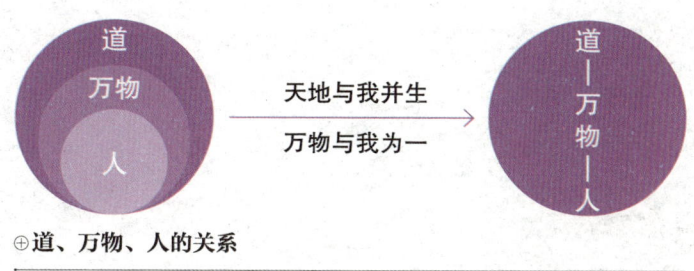

⊕ 道、万物、人的关系

庄子认为,无条件的自由是道在人身体上体现的最本质的属性。这种属性并非为人所独有,道所生出的天地万物也都有,所以人可以从有限的自我中超脱出来,达到"天地与我并生,万物与我为一"的至高至真的境界。

庄子的"逍遥游"及其追求的绝对精神自由,为中国古代文人作出了一种示范,繁衍出了中国文人人格中的自我与超越,使他们走向山水田园,走向精神世界。

庄子及其思想对后世的影响是广泛而深刻的,不仅庄子孤傲高洁的品性为后世所追慕与效仿,影响了诸多士人的行为方式,而且其思想的深邃、境界的超脱、行文的恣肆、想象的丰富、意境的悠远等都深刻地影响了中国的哲学、文学、艺术等，使整个中国文化在很多方面都刻上了庄子思想的烙印。如，动画电影《大鱼海棠》，其创意灵感就来自于庄子《逍遥游》中鲲鹏的故事。

庄周梦蝶

有一天，庄周梦见自己变成了一只翩翩飞舞着的蝴蝶，自己感到非常快乐，悠然得意，而不知道自己是庄周。一会儿梦醒了，惊慌不定之间却发现自己是庄周。于是庄周就想，到底是庄周做梦变成了蝴蝶呢，还是蝴蝶做梦变成了庄周呢？庄周与蝴蝶必定是有区别的，这就是物与我的交合与变化。

⊕ 庄周梦蝶想象图

富国强兵的法家思想

法家是诸子百家中重要的学派之一，其核心思想是以法为根本来治理国家。他们强调"不别亲疏，不殊贵贱，一断于法"，而且提出了系统的法家理论。这为秦朝建立专制主义中央集权提供了理论依据。秦之后的历朝历代都或多或少继承了秦朝的集权体制以及法律内容，形成了我国古代封建社会较为成熟的政治与法制理论体系。

法家思想的形成和发展

法家是适应春秋战国时期社会变革发展的需要而产生的，它是政治性、实践性极强的学术派别。法家思想的形成大致经历了三个时期：

第一个时期，法家思想酝酿萌芽的时期，大致在春秋前期。这一时期，随着社会生产力的发展，一些先进的诸侯国逐步开始实行社会变革，与此相应地出现了一批早期的社会改革家，如管仲、子产等人。他们不同程度地提出了一些主张社会变革的新思想、新观念，这些新思想、新观念，后来发展成为法家学派的重要主张。这些改革家也就是法家学派早期的代表人物。

⊕管仲像

第二个时期，是法家学派的形成以及法家理论实践时期，这一时期大致在战国的前期和中期。在这个时期，随着社会经济政治的发展，各诸侯国先后进入了变法的高潮时期。李悝是战国时期最先进行变法的法家学派代表人物，在他之后的吴起也是法家一位重要的代表人物。战国中期著名的法家代表人物有商鞅、申不害、慎到等，商鞅重法、申不害重术、慎到重势的思想等被后世人所吸收并综合，将法治理论系统化。

第三个时期，是法家学派思想系统化、理论化的时期，是先秦法家思想的总结时期。这一时期的主要代表人物有韩非、李斯等。

法家思想的实践者

李悝（约公元前455—前395年），战国初期魏都安邑（今山西夏县）人。魏国大臣，政治改革家，法家重要代表人物。

魏文侯时期，李悝被任命为相国，主持变法事宜。他在经济上推行"尽地力"和"善平籴"的政策，鼓励农民精耕细作，增加产量；国家在丰年以平价购买余粮，荒年以平价售出，以平粮价；主张同时播种多种粮食作物，以防灾荒。政治上实行法治，主张废除维护贵族特权的世卿世禄制，奖励有功于国家的人。这一系列措施，使魏国成为战国初期的强国。他汇集当时各国律法编成的《法经》，是我国古代第一部比较完整的法典，可惜现已失传。其"重农"与"法治"结合的思想对商鞅、韩非有着极大的影响。

⊕李悝像

吴起（？—前381年），战国初期军事家、政治家、改革家，法家重要代表人物。吴起在鲁国、魏国、楚国都担任过重要官职。

楚悼王当政时，任命吴起为令尹，对楚国政治、法律、军事等实行改革。"明法审令"，实行法治。吴起总结了李悝在魏国变法的经验，在变法

⊕吴起像

中制定法令，公布于众。为确立法治的权威性和信誉，吴起曾立了一个大车辕，下令说有能够搬动者予以奖赏。"移辕之赏"的成语就是这么来的。

经过吴起变法后的楚国，国力逐渐强大，向南攻打百越，将楚国疆域大大扩展。当时诸侯各国皆畏服楚国。此外，吴起变法的思想和理念也间接影响了秦国的商鞅变法。但吴起的变法招致了楚国贵族的怨恨，楚悼王去世后，吴起被楚国贵族杀害。

商鞅（约公元前390—前338年），卫国顿丘人，是最有声望、最有影响力的法家改革家。商鞅变法奠定了秦统一六国的基础，因而名垂史册。他在秦国的变法涉及社会的各个层面，包括经济、政治、军事、行政组织等多方面内容，如，奖励耕织，废除井田制，实行土地私有制；废分封，推行县制，加强中央集权；奖励军功；树立信赏必罚的法治制度等。

⊕**商鞅像**

商鞅最初在魏相公叔痤手下担任中庶子（文书、秘书），公叔痤临死前曾把他推荐给魏惠王，但是未得到起用。在公叔痤死后，商鞅便去了秦国。商鞅到秦国以后提出变法主张，受到秦孝公的重用。

商鞅对变法的态度十分坚决，他曾对秦孝公说，实行变法不能犹豫不决，犹豫不决是不能成功的。他还引用春秋时辅佐晋文公变法的郭偃的话"论至德者不和于俗，成大功者不谋于众"来说服秦孝公，坚定其变法的决心。商鞅认为，如果变法可以使国家强大，就应该抛弃旧的法度；如果变法可以使百姓富裕，就不要拘守于旧的礼制。变法的目的只有一个，强国利民。至于天下人如何议论，就不用介意了。秦孝公听从了商鞅的主张，在商鞅的辅佐和亲自主持下，秦国两次变法，为统一六国奠定了坚实的基础。

商鞅南门立木

公元前356年,秦孝公任命商鞅为左庶长,让他主持变法。商鞅深知推行新法的成败关键在民心,在于能否取得百姓的信任和支持。他怕百姓不信任他,不按照新法令去做,就先叫人在国都的南门竖了一根木头,下令说:"谁能把这根木头扛到北门去,就给谁十两赏金。"

不一会,南门口围了一堆人,大家议论纷纷。有的说:这根木头谁都拿得动,哪儿用得着十两赏金?有的说:这大概是左庶长存心开玩笑吧。大伙儿你瞧我、我瞧你,就是没有一个人上去扛木头。

商鞅知道老百姓还不相信他下的命令,就把赏金提到五十两。没有想到赏金越高,看热闹的人越觉得不符合常理,就越没人去扛。

正在大伙儿议论纷纷的时候,人群中有一个人跑出来,说:我来试试。他说着就真的把木头扛起来就走,一直搬到北门。商鞅立刻派人把五十两赏金给了扛木头的这个人。

这件事立即传了开去,一下子轰动了整个秦国。老百姓都说:左庶长的命令不含糊。

商鞅知道,他已经有了信誉,就把他起草的新法令公布了出去。秦国自从商鞅变法以后,农业产量增加了,军事力量也强大了。这就是商鞅南门立木的历史典故,成语"南门立木"和"徙木立信"就是从这里来的。

⊕ 南门立木

法家思想的集大成者

韩非（约公元前280—前233年），战国末期韩国新郑（今属河南）贵族，是法家思想的集大成者，后世称其"韩子"或"韩非子"。他曾与李斯一起跟随儒学大师荀子学习，但他更"喜刑名、法术之学"，提倡以法律条例来治理国家。

⊕韩非像

韩非是法家思想之集大成者，提出了君主专制中央集权的理论，主张以法治国。韩非还主张改革和实行法治，要求"废先王之教""以法为教"。他认为只有实行严刑重罚，人民才会顺从，社会才能安定，统治才能巩固。

对于民众，他继承了其老师荀子的"性本恶"理论，认为民众的本性是"恶劳而乐佚"，要以法来约束民众，施刑于民，才可"禁奸于未萌"。因此他认为施刑法恰恰是爱民的表现。不过，他认为严重的徭役和赋税只会让臣子强大起来，不利于君王统治。

对于臣下，他认为要去"五蠹"。所谓五蠹，就是指学者（指儒家），言谈者（指纵横家），带剑者（指游侠），患御者（指依附贵族并且逃避兵役的人）和商工之民（从事商业、手工业，不事农耕的人）。他认为这些人会扰乱法治，是无益于耕战的"邦之蠹（指蛀虫）"，必须铲除。

韩非的这些主张，反映了新兴封建地主阶级的利益和要求。秦始皇统一六国后采取的许多政治措施，就是韩非理论的应用和发展。

韩非的学说思想主要见于《韩非子》一书。值得一提的是，《韩非子》书中还记载了大量脍炙人口的寓言故事，比较有名的有"自相矛盾""守株待兔""讳疾忌医""滥竽充数""老马识途"等。这些生动的寓言故事，蕴含着深刻的哲理，给人们以智慧的启迪。

法家学派作为一个曾经在中国历史上起到非常重要作用的学派,以"法治"为治国之道,讲求"以法治国",为我们留下了宝贵的政治遗产和思想财富。法家思想中的法治思维和法治理念,对于我们今天全面推进依法治国仍然具有现实价值。

滥竽充数

战国时期,齐宣王喜欢听吹竽,又喜欢讲排场,他的竽乐队就有三百人。他常常叫这三百人一齐吹竽给他听。

有位南郭先生到齐宣王那里,请求参加竽乐队。齐宣王给他很高的待遇,把他编在竽乐队里。其实,南郭先生不会吹竽,每逢演奏的时候,他就鼓着腮帮,捂着竽眼儿,装腔作势,混在队里充数。他混过了一次又一次,都没有被人发觉。

后来,齐宣王死了,他的儿子齐湣王继承了王位。齐湣王也爱听吹竽,但是他不喜欢听大家一起吹,他叫吹竽的人一个一个地吹给他听。

南郭先生听到这个消息,只好偷偷地溜走了。

韩非通过南郭先生冒充吹竽人混进齐宣王乐队的故事,形象地说明了国君必须细致认真地考核官吏,分清优劣,辨别真假,以便合理任用他们,这就是法家所主张的"术"的一个内容。

⊕ 滥竽充数

兼济天下的墨家思想

墨子是继孔子之后的又一位有巨大影响力的思想家。他所创立的墨家学派，一开始就是以儒家反对派的姿态出现的。儒墨两家的相互驳难，率先揭开了战国时期"百家争鸣"的序幕。在整个战国时期，儒墨两家均保持着"显学"的地位。但由于墨家独特的政治主张，再加上西汉中期，儒家被汉武帝定为"独尊"，成了中国封建社会思想体系的正统，墨家逐渐湮没，成为"绝学"。虽然墨家作为一个学派消失了，但其思想体系中的精华却作为中华传统文化的一部分保留了下来，并影响至今。

墨子其人

墨子（约公元前468—前376年），名翟，是墨家学派的创始人，战国时期的思想家、教育家、科学家、军事家。他曾接受过儒家的教育，后因对儒家思想有所不满而放弃了儒家学说。究其不满的原因，或许与墨子的出身有关，他是中国历史上唯一一个农民出身的哲学家。

⊕墨子像

墨子博通当时的文化典籍，注重在社会生活中教育弟子，启发弟子怎样做人、怎样为官。墨子除了学识渊博之外，还是一个拥有高超技艺的工匠，如轱辘、滑轮、车梯等都是他的发明。在中国古代科技史上，许多划时代的发明与工程，都能从《墨子》中找到源头。

墨子精通手工技艺，可与当时的巧匠公输班相比。墨子擅长防守城池，据说他制作守城器械的本领比公输班还要高明。他自称是"鄙人"，被人称为"布衣之士"。

墨子一生的活动主要在两方面：一是广收弟子，积极宣传自己的学说；二是不遗余力地反对兼并战争。为宣传自己的主张，墨子广收门徒，亲信弟子达到数百人之多，形成了声势浩大的墨家学派。墨子的行迹很广，东到宋、齐，北到郑、卫，南到楚、越。

墨子其思想

墨子在长期的劳动生活中体察到普通百姓的疾苦，并看到了儒家思想并不能像其宣扬的那样给百姓带来切实的利益。在墨子看来，使百姓的生活状况有所改善才是最重要的，因此，墨子提出了以"兼爱""非攻""尚同""尚贤"为代表的"十论"思想。墨子的种种思想主张在战国时期产生了极大的社会影响，墨家学派一度成为当时的显学。

墨子像

⊕ 墨子"十论"

墨子"十论"是对墨子哲学思想的一种整体性概括，皆以解决国家存在的实质问题为目的，反映出墨子对现实社会人生的关注。在墨子身上，我们也再次看到了中国哲学的现实倾向。

墨子思想十分丰富，主旨乃"兴天下之利，除天下之害"。他看到当时国与国互相攻伐、家与家互相抢夺、人与人互相残害，强凌弱、富侮贫、贵傲贱、智诈愚等一系列罪恶的社会现象，认为这些都是"天下之大害"。为了改善这个混乱局面，墨子提倡"兼相爱，交相利"，这就是墨子的"兼爱"思想，是他整个思想体系的核心。墨子提倡的"兼相爱"是以"交相利"作为基础的，也是以"交相利"为具体内容的。他认为，只有不分人我、不别亲疏、不分差等地去爱一切人，才能达到天下太平的局面。

"兼"与"别"

墨子的"兼"是针对儒家的"别"而提出来的。他认为儒家讲爱有差等，讲亲疏之别，讲贵贱等级，这种爱不是真正的爱，而是使人与人之间"交相别"，即相互区别、互相对立，结果引出了许多灾难，所以应该以"兼"来代替"别"，这就是"兼以易别"。

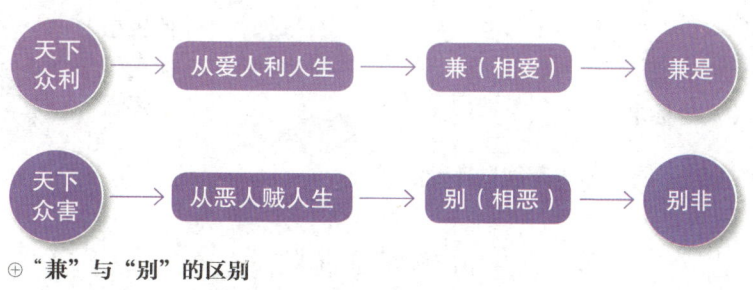

⊕ "兼"与"别"的区别

墨子认为，世间的灾难都是人与人彼此残害造成的，而利益则都是因人与人互爱互助带来的，由此就能十分清楚地判断出"兼相爱"是对的，而"别相恶"是错的。

墨子也把"兼爱"称为仁、义，把具有"兼爱"精神的人称为"仁人"。墨子说的"仁"与孔子提倡的"仁"字面意思相同，具体内容却有很大差别。孔子、墨子都不满意当时社会动乱的局面，但孔子站在维护周礼的立场上批判现实，墨子则站在弱者、寡者、贫贱者、愚者的立场上批判现实。孔子主张的"爱人"是依照宗法制的"亲亲"原则，对亲疏不同的人有先后、轻重之分。墨子则主张"爱无差等""爱无厚薄"。"爱有差等"与"爱无差等"之争，是儒、墨两家交锋的又一个重要问题。

墨子以"兼爱"为中心，向外延伸，又形成了一系列与兼爱有联系的思想。用兼爱的标准来看待政治，墨子提出了尚贤、尚同的主张。他把"尚贤"看作政治的根本，认为治国的根本措施就在于"尚贤使能"。为使"众贤"，就须将兼爱的原则推广到用人上，做到提拔人才不避贫贱，不避亲疏，不避远近，贤者提拔，无能者降职甚至干脆废弃，使国家政权的队伍都由贤能之士充任，唯才是举，不用问其属于哪个等级。这显然反映了社会底层者的心声。

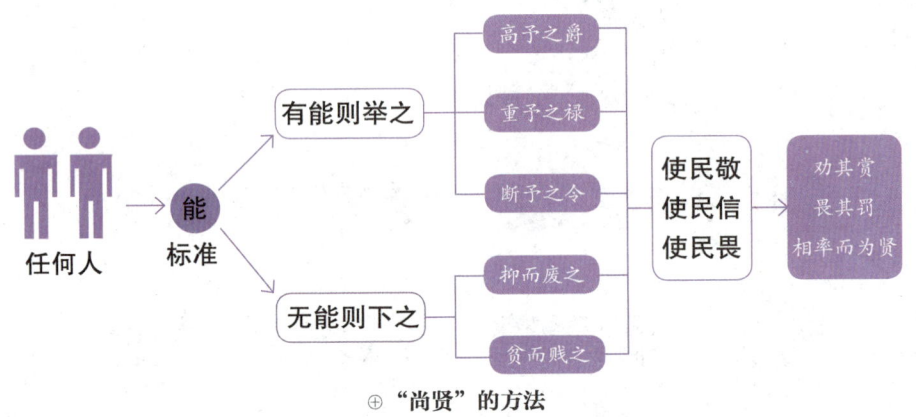

⊕ "尚贤"的方法

墨子在尚贤的基础上又提出了"尚同"。他主张"选天下之贤可者，立以为天子"。天子以下，从诸侯、将军到乡长、里长，也都要选拔贤者担任。选出各级行政首脑是为了克服天下之乱，克服一人一义，十人十义，自以为是，以人为非的"交相非"状态。人们要以上级行政首脑的是非为是非，自下而上地逐层统一，做到"天下之百姓皆上同于天子"。他提出"上同而不下比"的原则，反映了小生产者对社会统一安定的希望，但这种"尚同"，反对多元多样，必然导致"伐异"。这与晏子、孔子等的"和而不同"是不一样的。当然，墨子的"尚贤""尚同"主张是针对国家混乱而言的。

"兼爱"是针对攻伐而言的。用兼爱的原则来看待战争，墨子认为侵略战争是不义的，而防御战争是正义的，为此，他提出了"非攻"的主张。他指责当时的兼并战争为"竭天下百姓之财用""贼灭天下之万民"，这与兼爱的原则相悖。但墨子并不主张"去兵"，他反对攻，而主张备军自守。在他看来，攻打无罪之国是"攻"，而攻打有罪之君则并不是"攻"，而是"诛"，攻应该禁止，而诛是可行的。所以墨子并不是一般所说的非暴力主义者，而是主张"非攻"。

至于墨子的"节用""节葬""非乐""非命"等思想，也都是从功利主义的观点出发，具体地体现"兼相爱""交相利"的基本原则，也是墨子与儒家思想主张进行斗争的一个重要方面。

墨家学派

与儒家学派不同，墨家学派不仅是一个学派，还是一个有着严格组织纪律的政治军事团体。这个团体的首领称为"巨子"，成员称为"墨者"，墨者生活作风艰苦朴素，对巨子的命令绝对服从。墨子作为第一代巨子，在推荐其弟子到其他国做官以推行自己政治主张的同时，也会率领弟子参与到国家间的争战中，并总是站在防御自卫的一方。

墨家学派在墨子死后分成许多流派，对墨子的思想在一定程度上进行了继承和发展。事实上，现存的《墨子》一书中《经上》《经下》《经说上》《经说下》《大取》《小取》等六篇著作，均是墨家后学们的作品，现统称这些作品的作者们为后期墨家。

墨家的思想在今天仍有重要的意义。比如，其所主张的"兼爱非攻"，在今天和平与发展的时代背景下，代表了世界各国人民的利益与期待。我们批判霸权主义，提倡爱心与彼此的沟通理解，推动对话，促成和谐世界的建构。

墨子救宋

公输班（鲁班）为楚国制造了云梯，用来攻打宋国。墨子听说了，就从鲁国起身，走了十天十夜才到楚国国都郢，找到了公输班。公输班说："先生有什么指教吗？"墨子说："北方有一个欺侮我的人，我想借助你的力量杀了他。"公输班听了不高兴。墨子说："请让我献给你十金作为杀人的报酬。"公输班说："我崇尚仁义，从不杀人。"墨子站起来，再一次对公输班行了拜礼，说："请允许我向你说一些话。我在北方听说你造云梯，将用它攻打宋国。宋国有什么罪呢？楚国有多余的土地，人口却不足。现在牺牲不足的人口，掠夺有余的土地，我认为是不聪明的。宋国没有罪却被攻打，是不仁义的。知道这些不去争辩，是不忠诚的。争辩却没有结果，是不强大的。你崇尚仁义，不去杀那一个人，却去杀害众多的百姓，不可说是明智之辈。"公输班信服了他的话。墨子又问他："那么，为什么不能取消进攻宋国这件事呢？"公输班说："不能。我已经对楚王说了。"墨子说："能否向楚王引见我呢？"公输班说："行。"

墨子见了楚王，说："现在这里有一个人，舍弃他装饰华美的车，却打算去偷邻居的一辆破车；舍弃他华丽的丝织品，却打算去偷邻居的一件粗布短衣；舍弃他的美食佳肴，却打算去偷邻居的糟糠，这是怎么样的一个人呢？"楚王回答说："这人一定患了偷窃病。"墨子说："楚国的土地，方圆五千里；宋国的土地，方圆五百里，这就像彩车与破车。楚国有云梦大泽，犀、兕、麋、鹿等充满其中，江水、汉水中的鱼、鳖、鼋、鼍不计其数；宋国却连野鸡、兔子、狐狸都没有，这就像美食佳肴与糟糠。楚国有巨松、梓树、楠、樟等名贵木材；宋国却连棵大树都没有，这就像华丽的丝织品与粗布短衣。从这三个方面看，我认为楚国进攻宋国，就好比有偷窃病的人行窃。我认为大王您如果这样做，一定会伤害了道义，却不能占据宋国。"楚王说："好啊！即使这么说，公输班已经给我造了云梯，我一定要攻取宋国。"于是他又叫来公输班。墨子解下腰带，围成一座城的样子，又用小木片权作守备的器械。公输班多次陈设攻城用的机巧多变的器械，墨子多次抵拒了他的进攻。公输班攻战用的器械用尽了，墨子的守御战术还有余。公输班受挫了，说："我知道用什么办法对付你了，但我不说。"墨子说:"我知道你用什么办法对付我,但我也不说。"楚王问原因,墨子回答说:"公输班的意思,不过是杀了我。杀了我,宋国没有人能防守了,楚国就可以进攻了。但是,我的弟子禽滑釐等三百人,已经手持守御用的器械,在宋国的城墙上等着楚国入侵呢。即使杀了我,守御的人却是杀不尽的。"楚王说:"好吧!我不攻打宋国了。"

——选自《中华上下五千年》

⊕ 墨子救宋

百家争鸣中的其他流派

在春秋战国时期，由于主张、观念的不同，除了儒家、道家、法家、墨家之外，还出现了其他的流派，如名家、纵横家、阴阳家、农家、兵家、医家、杂家等，这些流派提出的思想主张也对后世产生了一定的影响。

名家

春秋战国时期是一个剧烈的社会大变革时期。当时社会上许多名物都发生了急剧的变化，常常是原来的名称与新的事物不相符合。所以，许多政治家、思想家对"名"（名称、概念）与"实"（内容、实际）的关系问题发表了自己的看法，他们之间也进行了长久的争论。在孔子那里，名实关系具有比较明显的政治和伦理色彩。到战国时期，一些被称为"辩者"或"名家"的学者对名实关系的讨论逐渐形成中国早期认识论和逻辑学的名辩思想。

名家虽然是一个学派，但并没有相对一致的思想主张，而仅仅在于他们都以"名"作为研究对象，并以此与其他学派相区别。在名家内部，由于观点不同又形成若干派别，其中主要有"合同异"派和"离坚白"派，代表人物就是惠施和公孙龙。

惠施（约公元前370—约前310年），战国中期宋国人，很有辩论的才能。他经常和别人进行辩论，主要的命题有十个。如"大同而与小同异，此之谓小同异；万物毕同毕异，此之谓大同异"就是其中的一个命题。惠施认为，事物有"大同"（指属概念，如牛与花草都是生物），也有

"小同"（指种概念，如牛属于动物，花草属于植物），"大同"则小异，"小同"则大异，这就是他的所谓"合同异"思想。在同与异中，惠施进而提出了"泛爱万物，天地一体"的命题。

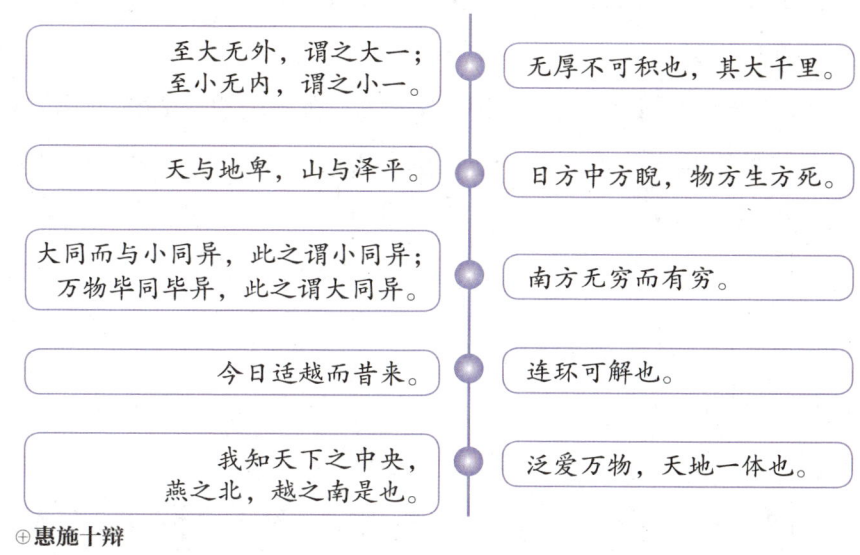

⊕ 惠施十辩

惠施并无著作流传于世，这里的十个论题出自《庄子·天下》，从这里我们能够看出惠施名辩思想的重点在于事物的相对性与差异性。

公孙龙（约公元前320—前250年），战国中期赵国人。他的著作一部分失散，现存《公孙龙子》一书共有六篇。与强调"泛爱万物，天地一体"的惠施不同，公孙龙强调要从差别的角度来看待万物。他的主要思想就是"离坚白"。

⊕ 公孙龙像

公孙龙所谓的"离坚白"，就是说"坚"和"白"两种属性不能同时联系在一个具体的事物之中，"坚"和"白"是两个各自独立的性质或者概念。他在《坚白论》一文中，举了具有"坚"和"白"两种属性的"石"为例，论述了这个观点。他指出，坚硬是人的触觉对石头的感知，而白色是人的视觉对石头的感知，虽然人可以看着手里拿着的石头，但是坚硬与白色在认知上仍然是分离的，所以公孙龙认为人们可以说"坚石"或"白石"，但不能说"坚白石"。因为公孙龙只看到了一般和个别的差别，看不到二者的联系，所以得出一般先于个别而存在，一般能脱离个别而独立存在的结论。

名家在战国中期是一个较活跃的学派，在秦朝以后逐渐退出政治舞台，对后世的影响不及儒、墨、道、法等诸家广泛，但是名家已不同程度地被融入中国传统文化的精髓中。

白马非马

"白马非马"是公孙龙提出的一个著名的逻辑问题。"白马非马"的意思就是白马不是马。公孙龙认为，"马"是对物"形"方面的描述，"白"则是对马"色"方面的描述。对"色"方面的描述与对"形"方面的描述，自然是不同的。如果要得到"马"，黄马、黑马都可以满足要求；如果要得到"白马"，黄马、黑马就不能满足要求了。因此，"白马"强调的是"白"，而不是"马"，白色与马没有关系，因此由"白"与"马"共同构成的"白马"不是马。

纵横家

在战国时期各诸侯国频繁发动兼并战争的历史进程中，出现了一群运用谋略和诡辩之术对君王进行游说，以推行自己政治策略的政治外交家，他们是中国历史上最早出现的，也是最为特殊的政治外交家，被称为"纵横家"。纵横家分为"合纵派"和"连横派"。

> 所谓"合纵"，就是几个弱小国家联合起来抵抗一个强大的国家，以防止强国的兼并。强国最初为秦和齐，到了战国后期则专指秦国。所谓"连横"，就是以一个强国为中心，利用各国之间的矛盾，联合一些弱国去进攻另一些弱国，以达到兼并他国的目的。苏秦是合纵派的代表人物，张仪是连横政策的倡导者。

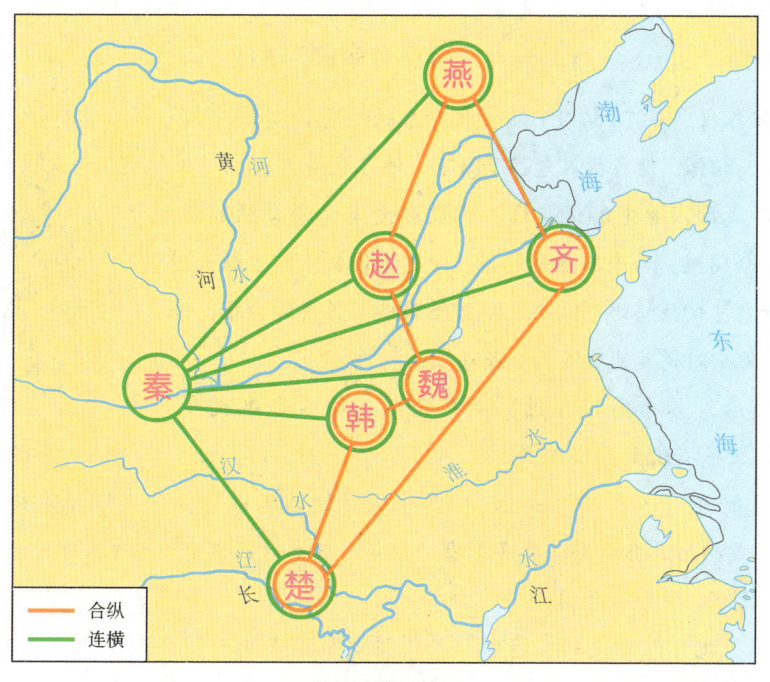

⊕ **合纵连横示意图**

纵横家的鼻祖是鬼谷子，代表人物有苏秦、张仪、苏代、公孙衍等。他们大多出身布衣，知大局、善揣摩、通辩辞、会机变、全智勇、长谋略、能决断,通过游说来谋取功名利禄。

纵横家强调外事活动的重要性,认为外事活动对外可以与他国争霸,对内可以安定国家,主张通过连横、合纵等外交手段治国安邦、建立霸业。他们崇尚权谋策略及言谈辩论的技巧,一切从政治利益出发,因此有人认为他们只是为了追求名利。战国中后期,纵横家在政治舞台上异常活跃,他们的思想和活动对当时的政治、军事局势产生了重要的影响。因此纵横学派风靡一时,习者不计其数,与其他思想流派分庭抗礼。相对而言,纵横家真正活跃的时间是最短的,但它的影响却是非常巨大的。

苏秦与张仪

苏秦(?—前284年)是战国时期的纵横家、外交家和谋略家。相传,他曾投入鬼谷子门下,学习纵横之术。

学成后,他先游说燕国,建议燕文侯向南合纵赵国,结为一个同盟。后来苏秦到赵国,向赵肃侯提出"合纵六国以抗强秦"的战略思想构架。赵肃侯采纳了苏秦的主张,并且资助他去游说其他诸侯国结成联盟。

随后,苏秦游说各国,成功合纵,组建合纵联盟,使秦十五年不敢出兵函谷关。

⊕苏秦像

张仪(?—前309年)同样是战国时期的纵横家、外交家和谋略家。苏秦合纵成功后,张仪前去投奔苏秦。但是,苏秦对张仪爱理不理,很是冷淡。张仪一怒之下,便前往秦国。

张仪把自己首创的"连横"外交策略献给秦惠王,得到了秦惠王的赏识,被封为相。后来张仪出使各国,凭三寸不烂之舌戏弄天下诸侯。首先破除了楚国和齐国两个大国的联盟,后又先后到齐国、赵国、燕国,说服各国诸侯以"横"破"纵",使各国由合纵抗秦转变为连横亲秦。这样,"六国合纵"联盟终于被张仪拆散。

兵家

兵家是先秦时期专事研究战争决策、指挥、统筹及其规律等军事理论以及从事军事活动的派别。兵家作为具有完整理论体系的学术流派，正式形成于春秋末期，相传其创始人是齐国的孙武。据《汉书·艺文志》记载，兵家又分为兵阴阳家、兵权谋家、兵形势家和兵技巧家四类。兵阴阳家侧重以天文、地理、阴阳、八卦等指导军事行动；兵权谋家主要研究军事理论和战略谋划；兵形势家注重对军事态势的分析和制作具体的实施方案；兵技巧家则更侧重于武器装备的制作等。兵家的代表人物有孙武、孙膑、吴起等，主要军事著作有《孙子兵法》《孙膑兵法》《吴子》《六韬》《三略》等。他们形成了中国历史上具有独特东方色彩的军事思想体系，也对政治理论产生了重大影响。

其中，有"兵圣"之誉的孙武非常重视战争在国家事务中的地位，他认为战争是"国之大事，死生之地，存亡之道"，对于战争应持谨慎态度。对此，孙武提出了"五事""七计"及"兵者诡道"等思想。他认为战争中人心的向背、天时地利、将才兵法等对战争的胜败有直接影响；在用兵方面，孙武认为只有"攻其不备，出其不意"，才是"兵家之胜"。

⊕孙武像

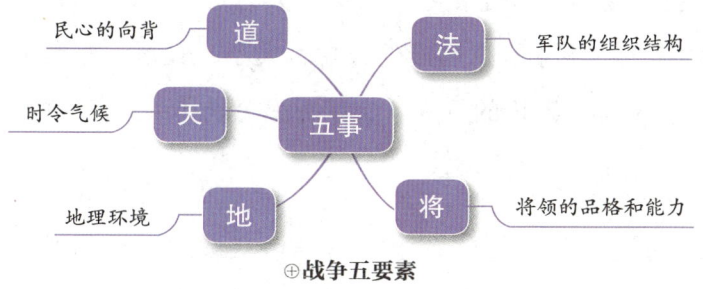
⊕战争五要素

此外，孙武认为，要想在战争中取胜，对敌我双方情况的了解是十分关键的前提条件。与当时重视鬼神灾异不同，孙武主张从实际出发，在战争开始前就要充分了解敌我双方的实际情况，只有这样，才能取得战争的胜利，即所谓的"知彼知己，百战不殆"。

后来，孙武根据自己训练军队、指挥作战的经验，撰写了《孙子兵法》。《孙子兵法》集中反映了孙武丰富而深邃的军事思想，在中国和世界军事史上率先论述了战争全局和战略全局的问题，总结了战争的普遍规律，并提出了一系列至今仍有科学价值的作战指导原则。《孙子兵法》是中国最早的兵法，被誉为"兵学圣典"，更被译为英、法、德、日等文字，成为世界著名的兵学典范之书。

农家

春秋战国时期，诸侯争霸，统治者把农业生产与强国富民联系起来。各诸侯国为了增强国力，在争霸战争中取得优势，都积极鼓励本国农业的发展，通过各种措施鼓励农民耕种。在这一背景下，一些思想家从不同的立场提出了自己关于农业问题的看法，其独到的思想见解和实践行动形成独立的一家学派——农家，主要代表人物是许行。

农家的学说主要包括两个方面，一是关于社会政治的主张，一是关于农业科学技术的知识。农家认为，农业是立国之本，是一切财富的基础和来源，一个国家要想安定富足，就必须大力发展农业。否定国君拥有仓库、府库的物权，主张依据物产的长短、大小、数量、质量来制定价格，不赞成商人居中抬高物价的行为。农家的思想流泽久远，对中国千百年来的农业发展产生了巨大的影响。

第二章
文学精粹

中国古代文学有着辉煌的成就，是中国传统文化的重要组成部分，亦是中华文明的珍贵宝藏。透过中国古代文学这扇窗户，我们能领略到享誉古今的文学家的风采和经典文学作品的魅力；传播和学习中国古代文学能帮助我们坚定文化自信，更能增强我们的民族自信心和自豪感。

中国文学的源头

盘古开天辟地、女娲补天造人、精卫填海、夸父逐日……这些上古时期流传下来的神话传说开启了中国文学的端绪,春秋战国时期的《诗经》《楚辞》则奠定了中国文学雄伟的基座。可以说,神话传说为后世的文学创作提供了丰富的养料,《诗经》《楚辞》则构成了后世诗歌创作的两大源头,它们犹如奔腾不息的长河,源远流长,泽被万代。

想象奇特的上古神话传说

中国古代文献中没有"神话"一词,古人常用"怪""神""谐""异"等词汇来表达"神话"。这些词汇与我们现在所说的"神话"一词极为接近。"神话"这个词汇第一次出现,是在蒋观云写于1903年的《神话历史养成之人物》中。

> 在古老的原始社会,人们的生活条件十分艰苦,面对难以捉摸和控制的自然界,就不由自主地产生一种神秘和敬畏的感情。而一些特殊的自然现象,如地震、洪水,还有人类自身的生老病死等,会引起人们的惊奇和恐慌。人们由此幻想出世界存在某种超自然的神灵和神力,神话也就应运而生了。

中国古代的创世神话叫"盘古开天辟地",说的是在天地初创之时,宇宙是混混沌沌的一团气,里面没有光、没有声音。有个叫盘古的巨人,在这混沌之中孕育着，一直睡了很久很久。有一天，他突然醒了。他见周围一片漆黑，就用大斧朝这一团混沌劈了下去。被劈开的混沌，轻的气往上浮就成了天，重的气往下沉就成了地。

天地分开以后，盘古怕它们还会合起来，就用头顶着天，用脚使劲蹬着地。天每一天高出一丈，地每一天加厚一丈，盘古也每天长高一丈。这样过了很多年，天就很高很高了，地就很厚很厚了，盘古当然也成了顶天立地的巨人。之后，盘古躺下来休息，在熟睡中死去了。他开天辟地，流干了汗水，耗尽了心血，他身体的各个部分就变成了太阳、月亮、星星、高山、河流、草木等。从此天上有了日月星辰，地上有了山川树木，人间有了鸟兽鱼虫……天地间，便成了今天这个世界的样子。

有关人类起源的神话，首推女娲造人的故事。传说在很久很久以前，大地上还没有人类。有一个名叫女娲的女神仿照自己的样子，用黄土捏出一个个小泥人。神奇的是，女娲捏出的这些泥人能跑会跳，有了生命。她看到之后很开心，继续不知疲倦地捏着泥人。不知不觉过了很久，由于捏人的劳动实在过于繁重，女娲还是感到累了。后来，她想出了一个绝妙的方法：用藤条蘸上泥浆，挥手甩动，甩出的小泥点溅落到地上也都变成了人。不久，大地上就布满了人的踪迹。女娲又将这些小人儿分出男女，让他们自己去繁衍后代，这样，人类就世世代代绵延下来。

⊕ **女娲造人**

以洪水为主题或背景的神话在世界各地普遍存在。我国古代文献中关于洪水的神话主要把洪水看成一种自然灾害，揭示的是人类与洪水抗争的意义。

　　传说尧舜时期，黄河泛滥。作为黄帝的后代，鲧、禹父子二人相继受命于尧舜二帝，负责治水事宜。大禹从父亲治水的失败中吸取教训，率领民众用疏导的方法疏通水路，最终平息了洪水。在治水的过程中，他曾经"三过家门而不入"。

　　战争神话主要叙述相关双方大战的情况。如《山海经》中"黄帝战蚩尤"的故事。

⊕ 大禹治水

　　大约在四千多年以前，我国黄河、长江流域一带住着许多氏族和部落。其中黄帝是传说中最有名的一个部落首领。以黄帝为首领的部落，最早住在我国西北方的姬水（今陕西武功）附近，后来搬到涿鹿（今河北涿鹿、怀来一带），开始发展畜牧业和农业，并定居下来。与黄帝同时期的另一个部落的首领炎帝，据说跟黄帝族是近亲，最早住在我国西北方的姜水（今陕西宝鸡）附近。后来，炎帝族渐渐衰落，而黄帝族逐渐兴盛起来。

　　这时候，有一个九黎族的首领名叫蚩尤，十分强悍。传说蚩尤有八十一个兄弟，他们全是猛兽的身体，铜头铁额，吃的是沙石，凶猛无比。他们还制造刀戟弓弩等各种各样的兵器，常常带领他们的部落，掳掠别的部落。有一次，蚩尤侵占了炎帝的地盘，炎帝起兵抵抗，但他不是蚩尤的对手，被蚩尤打得一败涂地。炎帝没办法，逃到涿鹿请求黄帝帮助。黄帝早就想除去蚩尤，便联合其他部落，准备人马，在涿鹿的田野上和蚩尤展开了一场大决战。最终蚩尤被黄帝擒杀。

　　英雄神话的主人公通常是人的形象，他们都有着神异的经历或本领，能够影响和改变周围的世界,如后羿、夸父、精卫等。英雄神话的出现,意味着人类自我意识的觉醒,反映了原始人类对自我的认识与反思。我们耳熟能详的后羿射日、夸父逐日的故事就属于这一类型的神话。

神话充满奇妙的想象,里面的人物和故事大多是虚构的,这和后世史书上的那些真人真事有明显的不同。但在神话故事和真人真事之间,还有一个"中间地带"——传说。"传说"之中,既有真人真事的成分,也有想象、虚构的成分。如"神农尝百草"的故事里,神农氏为了人民的饮食安全,不顾自身安危,亲自品尝可能有毒的植物,这样的事情在现实生活中是有可能发生的。但是,神农氏所处的时代非常遥远,远到那时都还没有产生记录历史的工具,可见"神农尝百草"的故事虽然包含现实的成分,但那些细致入微的描写,应该是后人根据现实中可能发生的事想象、虚构出来的。因此,"神农尝百草"的故事不属于历史事实,而属于传说。

⊕ 神农尝百草

在众多类型的故事之中,神话传说因为想象丰富、情节动人,尤其被人们钟爱。即便在科学技术日新月异的今天,神话传说仍然拥有很多读者。神话传说不仅可以使人们获得愉悦和惊喜,而且还能激发自身的想象力。中国古代的文学家也从神话传说中汲取养料,创作出同样想象丰富的文学作品,为一代又一代的读者提供新的精神食粮。唐代大诗人李白就是这样的一个代表,他那"笔落惊风雨,诗成泣鬼神"的艺术成就,一定程度上得益于他对古代神话传说的广泛阅读和吸收借鉴。神话传说也是中国古代小说经常选用的题材。如明代的小说《东游记》就吸收了很多民间关于"八仙"的传说,如"八仙过海"等。人们耳熟能详的《西游记》更是这样。

余音袅袅的《诗经》

《诗经》是我国第一部诗歌总集，原名《诗》，或称"诗三百"，共有305篇。全书主要收集了周初至春秋中叶五百多年间的作品。最后编订成书，大约在公元前6世纪。产生的地域，约相当于今陕西、山西、河南、河北、山东及湖北北部一带。

依乐的不同，《诗经》分风、雅、颂三类。风即音乐曲调，国风即各地区的乐调，十五国风共160篇；雅即正，指朝廷正乐，西周王畿的乐调，有大雅、小雅之分，共105篇；颂是宗庙祭祀之乐，有周颂、鲁颂、商颂，共40篇。

《诗经》的内容十分广泛，深刻地反映了殷周时期的社会风貌。国风是《诗经》中的精华，它充分体现了"饥者歌其食，劳者歌其事"的现实主义精神。有的诗篇反映劳动人民的生活处境，表达他们对剥削、压迫的不平，如《七月》《硕鼠》等；有的诗篇反映兵役、徭役带给人民的痛苦，如《式微》《击鼓》等；有的诗篇反映统治阶级的荒淫无耻，如《新台》《相鼠》等；还有的诗篇以婚姻、爱情为主体，如《溱洧》《木瓜》等。这些诗篇对后世文学产生了深远影响。

《诗经》在艺术表现手法上，普遍采用赋、比、兴的方法。所谓赋，就是直接描写，鲜活生动，雅诗、颂诗中多用此手法。所谓比，就是比喻，《诗经》中大量采用比喻的方法，读起来含义深远，回味无穷，如《氓》用桑叶由繁茂到凋落比喻爱情的变化。所谓兴，也就是起头，如《关雎》以"关关雎鸠，在河之洲"的吟咏发端，引起对爱情的渴望和赞美。

此外，《诗经》在四言中又有杂言，还大量运用了双声字、叠韵字。这不仅丰富了语汇，而且写景状物、拟形传声，使诗歌更富于形象美和音韵美。

总之，《诗经》在文学史上具有崇高的地位，它以丰富的思想内容、崇高的审美情趣与精湛的艺术手法，哺育着我国历代文学的创作和发展。

关 雎

关关雎鸠,在河之洲。窈窕淑女,君子好逑。
参差荇菜,左右流之。窈窕淑女,寤寐求之。
求之不得,寤寐思服。悠哉悠哉,辗转反侧。
参差荇菜,左右采之。窈窕淑女,琴瑟友之。
参差荇菜,左右芼之。窈窕淑女,钟鼓乐之。

独领风骚的《楚辞》

在南方的江汉流域,有着和中原地区不同的自然条件。当地人民在长期的发展过程中创造了灿烂的楚文化,同时楚国又不断吸收中原文化,在楚文化和中原文化的结合下就诞生了楚辞这种新的诗体。楚辞的语言、形式、风格以及其中的神话传说、历史人物等,都带有鲜明的楚国地方色彩。楚辞著名的创作者有屈原、宋玉、景差等人。

屈原是楚辞的主创者,他生活在楚国由盛转衰的时期,主张选用贤能、联齐抗秦,但遭到贵族的排挤与毁谤。屈原先被放逐到汉北,又被流放至江南,最后,他因不忍见国家沦亡,怀石自沉汨罗江。屈原在长期流放的生涯中写下了许多光辉的篇章,作品主要有《离骚》《九章》《九歌》《天问》等。

⊕屈原像

西汉时，刘向辑录屈原、宋玉、景差等人的作品为《楚辞》，从此，"楚辞"又成为一部诗歌总集的名称。西汉以后，历代都有人以楚辞来创作，如，梁朝昭明太子萧统编的《文选》中就有"骚"体，南宋朱熹编的《楚辞集注》中也收录了从汉至宋的骚体作品。古人甚至将诗人称为"骚人"。直到现代，郭沫若还曾以骚体来翻译英国诗人雪莱的《西风颂》。

与《诗经》相比，楚辞创造了一种新的诗歌形式，这种诗歌形式无论是在句式还是在结构上，都较《诗经》更为自由且富于变化。句式上，楚辞以杂言为主，突破了传统的四言句式；语言描写方面，楚辞善于渲染、形容，重视外在形式的美感，这为汉代赋体文学的产生创造了条件。

此外，楚辞的浪漫精神不仅表现为感情的热烈奔放、想象的奇幻，还在于其通过幻想、神话等创造了一幅幅雄伟壮丽的图景。这种借由神话或者神话形象而使诗歌显得缥缈迷离、谲怪神奇的美学特征，为李白、李贺等后世诗人所学习和继承。

> 《楚辞》受楚地歌谣的影响很深。楚歌的体式和《诗经》不同，不是齐整的四言体，而是每句长短不一，句尾或句中常用"兮"字作语气词。这种歌谣到秦汉时还十分流行，流传下来的有刘邦的《大风歌》、项羽的《垓下歌》等。

大 风 歌

大风起兮云飞扬。
威加海内兮归故乡。
安得猛士兮守四方！

汉代的辞赋、散文和诗歌

汉代，是中华民族历史上一个充满了创造性的时代，洋溢着胜利的喜悦和豪迈的情怀。雄阔壮丽的辞赋作为汉代文学的代表，展现了汉王朝的大国风貌；在辞赋得到长足发展的同时，历史散文在汉朝也出现了里程碑式的杰作——《史记》；诗歌方面，继《诗经》《楚辞》之后，乐府诗呈现出了旺盛的生命力，那些不假修饰的文字，传达出劳动人民真挚的心声。

宏阔壮丽的汉代辞赋

赋是汉代最具代表性、最能彰显时代精神的一种文学样式。它介于诗歌和散文之间，一方面具有诗歌的音乐性，另一方面又具有散文的灵活性；它借鉴了楚辞和战国纵横家文章中主客问答的形式，吸收了那种铺张扬厉的行文风格，又继承了先秦史传文学的叙事手法。汉赋通常以丰辞缛藻大肆铺陈，着力描绘帝王宫苑的富丽、京邑的繁华以及田猎声色之乐，以达到"润色鸿业"的目的。汉赋按不同发展阶段的主流形式，可分为骚体赋、汉大赋和抒情小赋。

骚体赋从楚辞发展而成，形式上近于屈原、宋玉等人的文体。骚体赋抒情浓郁，句尾多缀有"兮""些"等楚地方言以调节音韵，有散文化的倾向，实际上是楚辞的发展和变种。因此，汉代人常把它的发展同楚辞紧密相连，称为

⊕贾谊像

"辞赋"。骚体赋多是文士为抒发怀才不遇、胸有块垒难以消解之感喟而作。贾谊是骚体赋的代表作家,也是现今有作品传世的一位汉代赋作家。《汉书·艺文志》记载他有赋7篇,其中以《吊屈原赋》和《鵩鸟赋》最为著名。

汉大赋在内容上的主要特点就是歌颂帝王功德,娱乐宫廷生活。过去被推为汉赋正宗的主要作家几乎没有不致力于对帝王歌功颂德的,如张衡歌颂汉和帝的"文德武德"等。汉代赋作家虽然也有不少人想借赋这一形式讽喻统治者应崇尚节俭、爱惜民力,但实际上只能"劝百而讽一"。汉大赋在形式上的主要特点是铺陈夸饰。刘勰说:"赋者,铺也,铺采摛文,体物写志也。"因此,汉大赋总是以华丽的辞藻和夸饰的手法,从各个角度不厌其详地写景状物,形成了一种铺张扬厉、恢宏靡丽的文风。与此相适应的是汉大赋的规模巨大、结构宏伟,往往是成千上万言的鸿篇巨制。汉大赋的代表作家是司马相如。鲁迅曾说:"武帝时文人,赋莫若司马相如。"《汉书·艺文志》著录相如赋29篇,今存5篇。其中《子虚赋》《上林赋》是其代表作,也是汉赋中影响深远、具有典范意义的作品。这两篇赋的创作前后相距十年,但内容相连、构思连属,因此司马迁在《史记》里将它们视为一篇,名之为《天子游猎赋》。

抒情小赋兴起于汉末,盛行于魏晋南北朝时期。东汉末年,政治日趋腐败,社会动荡,战乱频发,所以歌颂国势声威、美化帝王功业的冠冕堂皇的散体大赋衰落,代之而起的是讽刺现实、述行咏物的抒情小赋。张衡首开风气之先河,他的《归田赋》表现出因朝政日非而归隐田园的乐趣与不

⊕司马相如像

合流俗的精神。其后，蔡邕的《述行赋》记叙旅途所见所感，并联想到许多古人古事，其用意是借古刺今。这些短赋名篇，初步突破了赋颂传统，对魏晋抒情赋的发展和兴盛产生了重大影响。

史传文学的里程碑——《史记》

汉代文学的繁盛，不仅仅体现在辞赋上，历史散文里也出现了里程碑式的杰作——《史记》。《史记》代表了古代历史散文的最高成就，鲁迅称它是"史家之绝唱，无韵之离骚"。

《史记》不仅是一部正史，也是一部极富文采的文学巨著，列二十四史之首。作者司马迁（约公元前145或前135—？），他的父亲司马谈是一位渊博的学者，曾任太史令之职。司马迁在史官家庭中长大，受到良好的文化熏陶，自幼就养成了读书的习惯。将近十岁时，司马迁随父亲到长安，曾师从经学名家董仲舒、孔安国。二十岁那年，司马迁开始广泛漫游，在会稽（今浙江绍兴）探访大禹的遗址，在长沙水滨凭吊屈原，在楚地参观春申君的宫殿……长途漫游使司马迁直接感受到各地民风习俗的差异，加深了对某些历史记载的理解，这也大大拓宽了他的视野，为《史记》的写作搜集了许多新鲜的材料。

⊕司马迁像和《史记》

父亲去世后，司马迁继任太史令，也继承了父亲著述历史的遗愿。太初元年（公元前104年），他在参与制定太初历后，便开始了《史记》的写作。但是，事出意外，天汉三年（公元前98年），李陵战败投降匈奴，司马迁因向汉武帝解释事情原委而被捕入狱，并被处以宫刑。这在身体和精神上给他造成了极大的创伤。出狱后，他忍辱含垢，继续写作《史记》，至征和二年（公元前91年），历经14年，《史记》一书基本完成。

司马迁在《报任安书》中说，他修史的宗旨是"究天人之际，通古今之变，成一家之言"。为了达到这个目的，他在综合前代史书各种体例的基础上，创立了纪传体的通史。全书由十二本纪、十表、八书、三十世家、七十列传组成，堪称我国最早、最全面的一部经典史书。我们学过的一些课文很多都出自《史记》，如《将相和》《西门豹治邺》《陈涉世家》《鸿门宴》等。

《史记》是我国纪传体史学的奠基之作，同时也是我国传记文学的开端。《史记》的出现，标志着中国古代史传文学的发展已达到高峰。同时，《史记》对后代小说的发展同样影响深远。从唐传奇开始，文人创作的小说多以"传"为名，以人物传记的形式展开，以人物生平为脉络，大体按时间顺序展开情节，并往往有作者的直接评论。这些重要特征，主要都渊源于《史记》。《史记》的许多故事在古代广为流传，成为后代小说戏剧的取材对象，如流传至今的《东周列国志》，所叙人物和故事有相当一部分取自《史记》。

总之，《史记》成为中国古代小说、戏剧的材料宝库，它作为高品质的艺术矿藏得到反复的开发利用。

感于哀乐，缘事而发的汉乐府

继《诗经》《楚辞》之后，两汉乐府诗成为中国古代诗歌史上又一壮丽的景观，作为一种新的诗体，呈现出旺盛的生命力。乐府本来是掌管音乐的官署，在秦朝和汉初已经设立，汉武帝时最为兴盛。乐府不仅让御用文人创作诗歌以供演唱，还大规模地在全国各地采集民歌，后来把这些统称为乐府诗。现存的汉乐府诗基本上都收入宋代郭茂倩所编的《乐府诗集》一书中。

汉代乐府诗歌主要有两类，一类是"郊庙歌辞"，大多出自贵族文人之手，内容主要是歌颂祖先、颂扬君王功德和描绘朝廷宴享；另一类是从民间搜集来的音乐及歌辞，通常被称为"俗曲"，它的作者多是平民百姓和下层社会的文人。这类"俗曲"直接反映了汉代劳动人民的生活，叙事抒情质朴率真，有很高的审美价值，是汉乐府诗中的精华。

汉乐府诗大多来自民间，它是生活在最底层的民众积存心底的喜悦和忧伤情感的自然流露。这里面有对社会不平的反抗，有对乐生恶死的愿望的展现，有对爱与恨的坦率表白，还有唱给真挚爱情的颂歌，充满了生活气息，展现了丰富多彩的人生画面。

乐 府 双 璧

《孔雀东南飞》和《木兰诗》堪称"乐府双璧"。《木兰诗》又名《木兰辞》，是南北朝时期的一首北朝民歌；《孔雀东南飞》原名《古诗为焦仲卿妻作》，是古乐府民歌的代表作之一，也是保存下来的最早的一首长篇叙事诗。

《木兰诗》叙述的是木兰替父从军的故事，塑造了一个奔赴疆场、屡立战功而又不失其本色的女英雄形象。这种艺术形象，打破了"女不如男"的封建传统观念。

《孔雀东南飞》是汉乐府诗篇名，因其首句为"孔雀东南飞"得名。它通过焦仲卿、刘兰芝的婚姻悲剧，强有力地揭露了封建礼教和封建家长制的罪恶，同时热烈歌颂了忠于爱情、宁死不屈地反抗封建恶势力的斗争精神。《孔雀东南飞》的艺术成就很高，全诗语言朴素通畅，叙事与抒情相结合，描写上排比顺畅，是当时五言叙事诗的代表作品。

生动真切的《古诗十九首》

以《诗经》和《楚辞》为代表的先秦诗歌主要是四言诗。到了汉代，五言诗创作逐渐兴盛起来。流传至今的，是由南朝萧统从传世无名氏古诗中选录的十九首，编入《文选》，是为《古诗十九首》。

东汉后期党争激烈，政治日渐腐败，文人士子受到压制。面对这种社会现实，中下层文人士子或为寻求出路，或为避祸，纷纷背井离乡，因此亲戚隔绝、闺门分离。"游子"的乡愁和"思妇"的闺怨也随之产生。《古诗十九首》反映了这种漂泊流离之苦和离别相思之痛，表达了祈求社会安定、渴望家室团聚的愿望。由于人们回归故里与亲人团聚的愿望难以实现，这些诗大都流露出浓重的感伤之情，蕴含着对社会强烈的不满。这种诗风对后来的婉约派诗词有一定影响。

迢迢牵牛星

迢迢牵牛星，皎皎河汉女。
纤纤擢素手，札札弄机杼。
终日不成章，泣涕零如雨。
河汉清且浅，相去复几许。
盈盈一水间，脉脉不得语。

流芳千古的唐诗宋词

"春露夏雨秋月夜,唐诗宋词汉文章。"说起中国古代的文学艺术,不能不提唐诗和宋词。"春眠不觉晓,处处闻啼鸟""小时不识月,呼作白玉盘""知否,知否?应是绿肥红瘦"……这些耳熟能详的诗词名句,开启了我们对古典美学的认知。唐诗和宋词在岁月的流淌中,已经深深植根于中国人的精神和血脉之中。

唐诗

唐诗是我国优秀的文学遗产之一,也是世界文学宝库中的一颗璀璨明珠。尽管它产生的年代距今已有一千多年,但是作为中国传统文化的瑰宝,唐诗的成就和影响是无可比拟的。唐代"童子解吟长恨曲,胡儿能唱琵琶篇",今天的儿童也能背诵"春眠不觉晓""床前明月光"。唐诗之所以如此深入人心,归根结底在于它永恒的艺术魅力。

唐诗就像一座大花园,群芳竞艳,姹紫嫣红。从题材内容上来说,唐诗可分为山水田园诗、赠友送别诗、边塞征战诗、怀人思乡诗、咏物言志诗、怀古咏史诗等;从形式上来说,又可以分为绝句和律诗。

山水田园诗,源于晋代的陶渊明和南北朝的谢灵运,这类诗多描写自然景观、田园风光以及安逸恬淡的乡村隐居生活,诗境隽永优美,风格恬静淡雅,语言清丽自然,如"绿树村边合,青山郭外斜"。唐代王维、孟浩然,宋代杨万里是山水田园诗的代表诗人。

山 居 秋 暝

王维

空山新雨后,天气晚来秋。
明月松间照,清泉石上流。
竹喧归浣女,莲动下渔舟。
随意春芳歇,王孙自可留。

⊕山居秋暝图

"黯然销魂者,惟别而已矣。"作为至情至性的诗人,在与挚友分别时,心中会产生一种不吐不快的激情。因此,在中国诗坛上,送别诗一直是一个很重要的题材。赠友送别诗主要抒写离别之情,表达依依不舍的留念。李白、杜甫、白居易等大诗人均写出过感人至深的送别诗篇。

唐诗善于运用柳、酒、月、水等抒发作者的离愁别绪,不仅深化了诗歌的意境,而且增强了诗歌的艺术感染力。柳是古代送别诗中最早出现的抒发离情别绪的意象之一。汉代时,人们借助"柳"与"留"的谐音,将折柳送别逐渐演变为一种习俗。从汉代开始,送行者折柳以赠,就有了表达临别留恋与祝福之意。随着将柳与离情、珍重、生命联系起来的诗歌不断增多,诗人们将柳与留别之情的反复联结、不断强化,以柳寓别的审美意象最终被固定下来。柳在古代诗人的笔下获得了灵性,具有了情意,它与人一样承担着临别的忧伤。

送元二使安西
王维
渭城朝雨浥轻尘,客舍青青柳色新。
劝君更尽一杯酒,西出阳关无故人。

"君不见走马川行雪海边,平沙莽莽黄入天。"在唐代开元、天宝年间形成了以诗歌来反映边塞的山川、风土、征战的诗歌流派,这一流派所写的诗被称为边塞征战诗,代表作家有高适、岑参、王昌龄等。边塞征战诗的思想感情比较复杂,既有对建功立业的渴望和报效国家的决心,也有征人的乡愁和家中妻子的离愁别恨;既有边塞生活的艰辛和连年征战的残酷,也有山河沦丧的痛苦和报国无门的怨愤……

白雪歌送武判官归京
岑参
北风卷地白草折,胡天八月即飞雪。
忽如一夜春风来,千树万树梨花开。
散入珠帘湿罗幕,狐裘不暖锦衾薄。
将军角弓不得控,都护铁衣冷难着。
瀚海阑干百丈冰,愁云惨淡万里凝。
中军置酒饮归客,胡琴琵琶与羌笛。
纷纷暮雪下辕门,风掣红旗冻不翻。
轮台东门送君去,去时雪满天山路。
山回路转不见君,雪上空留马行处。

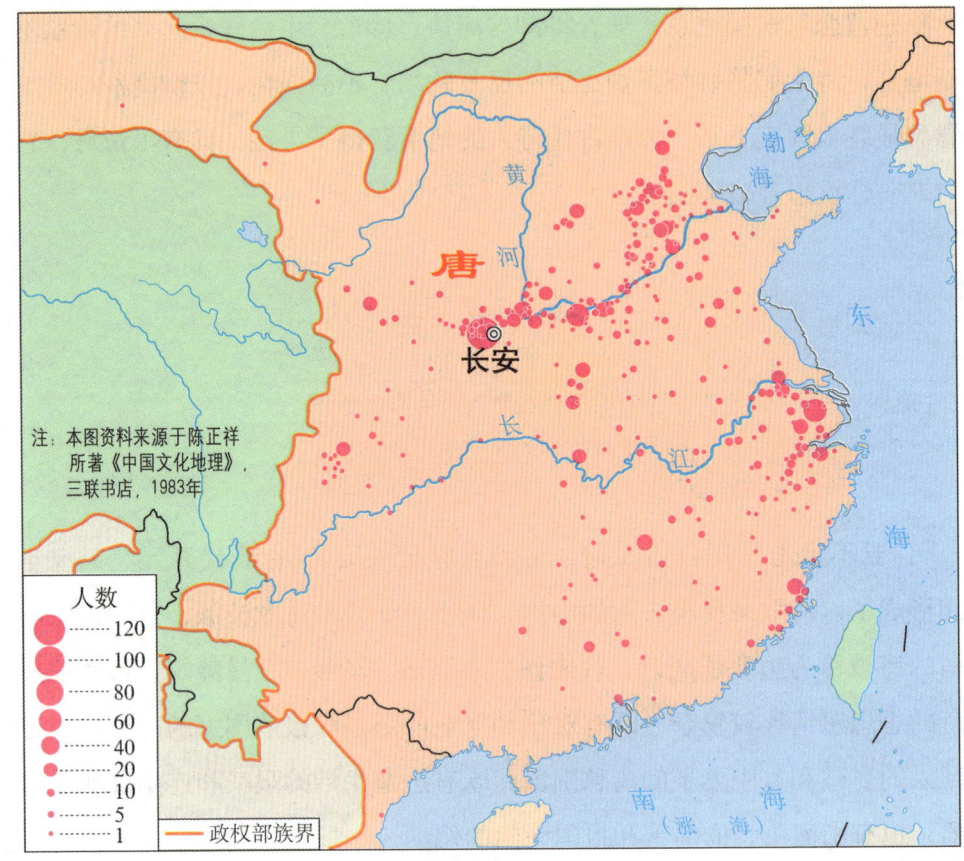

⊕ 唐朝诗人分布示意图

宋词

词，是诗歌的一种。它产生于唐朝，定型于五代，盛于宋。它是配乐演唱的歌词，因此又叫"曲子词"。每首词都有一个调名，叫作"词牌"，如西江月、如梦令、满江红等。词的句式长短不一，所以词又叫"长短句"。词作为一种新体诗歌，宋代时发展到了鼎盛时期。"宋词"和"唐诗"一样，在中国文学史上占有相当重要的地位。

宋词在发展过程中，产生了苏轼、李清照、辛弃疾、陆游等众多杰出的词人。从创作风格来说，宋词可以分成豪放派和婉约派。

豪放派词作不拘格律、直率宏大、气势恢宏；创作视野较为广阔，语词宏博，用典较多；内容偏爱军情国事那样的重大题材。豪放派的代表词人有苏轼、辛弃疾等。

苏轼的词具有热情豪放、清新流畅的特点。他的词作内容十分广泛，有的抒发了报国的壮志，如"会挽雕弓如满月，西北望，射天狼"；有的描写了农村的景象，如"簌簌衣巾落枣花，村南村北响缲车。牛衣古柳卖黄瓜"；有的写出了离愁别恨，如"此生此夜不长好，明月明年何处看"……

辛弃疾是宋代词人中现存词作数量最多的作家，他的词大都洋溢着豪迈的英雄气概，如"醉里挑灯看剑，梦回吹角连营""青山遮不住，毕竟东流去"等千古流传的词句，不仅描写了豪壮的军旅生活，也抒发了激昂的爱国之情。辛弃疾的词大大地拓展了宋词的思想内容和艺术风格。

⊕苏轼像

⊕辛弃疾像

婉约，是婉转含蓄之意。婉约派继承了晚唐五代花间派词风，内容比较单一，主题多写风花雪月、男欢女爱和悲欢离愁，风格则清丽柔媚、委婉含蓄。结构深细缜密，音律婉转和谐，语言圆润清丽，具有一种柔婉之美。婉约派的代表词人有柳永、晏殊、李清照等。婉约词风长期占据词坛，南宋时亦有姜夔、吴文英、张炎等大批词家涌现。

如梦令

李清照

常记溪亭日暮，沉醉不知归路。

兴尽晚回舟，误入藕花深处。

争渡，争渡，惊起一滩鸥鹭。

有这样一副对联："大河百代，众浪齐奔，淘尽万古英雄汉；词苑千载，群芳竞秀，盛开一枝女儿花。"这朵清丽脱俗的"女儿花"就是被誉为"婉约词宗"的李清照。

李清照（1084—约1151年），号易安居士，是封建时代为数不多的优秀女作家之一。她的词无论是感情、形象、表现手法，还是语言的锤炼，都自然真实，几近完美。在艺术风格上，李清照的词以浅俗易懂、明白如话为特点，被人称为"易安体"。她的词作表现了人类精神领域的一个重要组成部分——女性情感世界，揭示了女性生活中婉约、多情的一面，勾描了一幅描写女性情感历程的画卷。

⊕李清照像

其实，在中华灿烂文化宝库中还有一朵奇葩，它和唐诗、宋词鼎足并举，是中国文学史上另一座重要的里程碑，那就是元曲。元曲原本来自所谓的"蕃曲""胡乐"，在民间流传时被称为"街市小令"或"村坊小调"。随着元灭宋入主中原，它先后在大都（今北京）和临安（今杭州）为中心的南北广袤地区流传开来。元曲虽有定格，但并不死板，与律诗、绝句和宋词相比，有较大的灵活性。

元曲盛行于元代，包括杂剧和散曲，主要代表人物是关汉卿、马致远、郑光祖、白朴。元曲题材丰富多彩，创作视野阔大宽广，反映生活鲜明生动，人物形象丰满感人，语言通俗易懂，是我国古代文化宝库中不可缺少的宝贵遗产。

天净沙·秋思
马致远
枯藤老树昏鸦，小桥流水人家，古道西风瘦马。夕阳西下，断肠人在天涯。

诗词鉴赏

诗词是凝固的音乐。我国古代的诗歌自产生之时起，就和音乐结下了不解之缘。在赏析诗词时，音律感知、反复诵读是很关键的一步，如很多诗词都会使用叠音词来加强节奏感与可读性。

叠音词使用最著名的就是李清照的《声声慢》，开头连用了七组叠音词"寻寻觅觅，冷冷清清，凄凄惨惨戚戚"。这七组叠音词在内容上表达了词人遭受不幸后的精神状态。"寻寻觅觅"，重写动作，心神不定、怅然若失;"冷冷清清",重写感受,孤单寂寞、形影相吊;"凄凄惨惨戚戚",重写心境,悲惨凄凉、终日愁苦。三者用"情"贯穿在一起。声律上铿锵有韵,节奏感强。结构上为整首词定下基调,营造出悲伤的氛围,使读者屏息凝神,感同身受。

声声慢

李清照

寻寻觅觅,冷冷清清,凄凄惨惨戚戚。乍暖还寒时候,最难将息。三杯两盏淡酒,怎敌他、晚来风急?雁过也,正伤心,却是旧时相识。

满地黄花堆积,憔悴损,如今有谁堪摘?守着窗儿,独自怎生得黑!梧桐更兼细雨,到黄昏、点点滴滴。这次第,怎一个愁字了得!

此外,古人常常把情感寄托在一些客观的事物上。比如,明月代表相思、杨柳寄托离别之愁、杜鹃表达故园之思、梅花是高洁傲岸的象征,而梧桐夜雨,则蕴含着无限的愁绪……

宋词继承了唐诗在抒情写景方面的优势,极具形象美。因为篇幅变长,所以宋词在刻画景物和人物形象方面,比起唐诗来,又有了更好的表现。宋词里,孤独漂泊的游子举起酒杯,闺中幽怨的少妇顾影自怜,戍守边疆的将士白发苍苍……就连一花一木都被赋予了各种各样的性格。如陆游笔下驿馆之外断桥边上的梅花,寂寞无主地开放着。黄昏时候,她满怀愁绪,更何况风雨交加!她并不争抢春光,但是春天的花朵却都嫉妒她。她的花瓣零落在地上,被车轮碾成了春泥、飞扬成了尘土,但是那幽雅的花香却依然如故。这哪里是咏梅,分明是在写一位淡泊名利、孤芳自傲的名士啊!

此外,关于诗词中的情感,可以说诗词是用最简约的语言来记录思想、抒发感情的形式。一首诗词,常常只有几十个字,却可以时而激愤慷慨,时而幽婉低回,时而直白热烈,时而含蓄隐晦。

梦游天姥吟留别(节选)
李白

世间行乐亦如此,古来万事东流水。
别君去兮何时还?且放白鹿青崖间,须行即骑访名山。
安能摧眉折腰事权贵,使我不得开心颜?

这首诗表现了李白的豪迈,道虽多阻,他却怎么能够低眉弯腰、卑躬屈膝地侍奉那些权贵,让自己的心里不痛快呢?李白傲视权贵的精神就这样直白而热烈地展现出来。

诗词作为民族文化精粹,是中华文化极具韵味的精神和情感表达。源远流长的诗词歌赋早已融入血液,成为每一个中国人的文化印证。静下心来读读唐诗、品品宋词吧!让唐诗宋词来浸润我们的灵魂,为我们点一盏心灯、燃一缕心香,让每一个灵魂都散发出诗词的芬芳。

名扬中外的明清小说

　　小说的历史，虽然没有诗词那样悠久，但是从明代开始，小说这种文学形式就显示出了它的社会作用和文学价值，打破了正统诗文的垄断，在中国文学史上取得了与唐诗、宋词、元曲并列的地位。中国古典长篇小说代表作品有四大名著《水浒传》《三国演义》《西游记》《红楼梦》，还有《聊斋志异》《儒林外史》等。如今，这些享有世界声誉的作品，已被改编成影视剧，受到中外观众的喜爱。

小说的起源与发展

　　古代神话传说可以说是我国古代小说的源头，《西游记》《聊斋志异》都采用了神话传说中的浪漫主义手法，《红楼梦》则是以女娲补天的神话故事开篇的。此外，中国历史悠久，以历史为题材的小说比比皆是。《三国演义》即是历史演义的开山之作，《水浒传》则是英雄传奇的经典之篇。

> "小说"一词最早见于"饰小说以干县令，其于大达亦远矣"（《庄子·外物》）。汉代之前的"小说"，本意指浅显的言论，尚未形成"说"的一种文体。汉代以后，"小说"才逐渐演变为现在的意思。

　　古代小说的发展经历了酝酿萌芽时期、初具规模时期、成熟时期、高峰时期四个阶段。即上古到先秦两汉的神话传说、寓言故事；到魏晋南北朝时出现了情节比较简单的笔记小说，内容多为记述怪异之事或人物轶事；而唐代传奇、宋元话本的出现，使小说题材更为广泛，情节更为曲折，描写更加细腻，如《柳毅传》《虬髯客传》《错斩崔宁》等；最后到了明清时期出现了《三国演义》《水浒传》《西游记》《红楼梦》等一大批不朽的巨著。

四大名著

中国历史上，出现过大量文学作品，但没有哪部作品能够像四大名著那样长久地吸引众多的读者，被一代一代人持续阅读、传诵的。可以说，四大名著已经深深地扎根于我们生活的每个角落，甚至深深影响着国人的思想观念、价值取向。

《三国演义》的作者是元末明初的罗贯中（约1330—约1400年）。罗贯中青年时期离家出游，由北而南，足迹遍及多省。他从民间获取了许多小说创作素材，后在杭州接触了不少从事戏曲创作和说话艺术的文人，由此创作了《赵太祖龙虎风云会》《忠正孝子连环谏》《三平章死哭蜚虎子》三个剧本。由于与当地流行的"戏文"体例不合，于是他对说话艺术产生兴趣，转而创作长篇章回小说。元至正年间（1341—1368年），曾参加泰州盐民张士诚领导的农民起义，后离开。他经杭州到淳安等地，考察了北宋方腊起义遗址，又游历浙、皖、赣等地，考察了地理、历史和风土人情，为创作积累了大量资料。晚年，他隐居许家沟村（今属河南鹤壁），完成《三国志通俗演义》（简称《三国演义》）的创作。

《三国演义》全书共120回，描写了从东汉末年到西晋初年之间的百年历史风云，反映了东汉末年的群雄割据混战和魏、蜀、吴三国之间的政治和军事斗争，以及最终司马炎一统三国、建立晋朝的故事。《三国演义》可称为一部"兵书"，善于描写战争是它的突出特点。在罗贯中的妙笔下，数十次战争变化多样、无一雷同。可以说在古典文学领域，实在很难找出第二本像《三国演义》这样展示如此各具特色的战争形式的书。全书共写大小战争40多次，展现了一幕幕惊心动魄的战争场面，尤以官渡之战、赤壁之战、夷陵之战的描写最为出色。

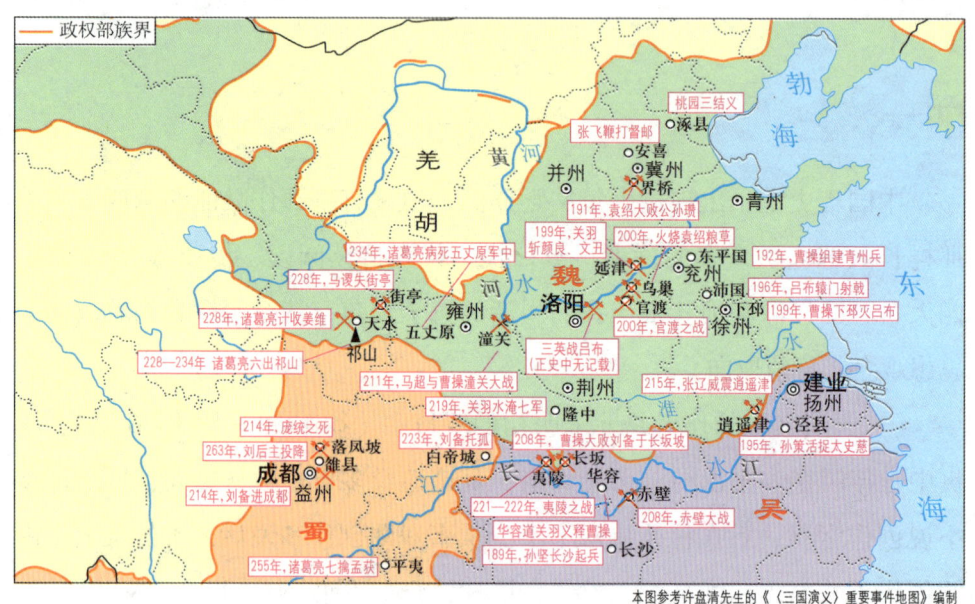

◉《三国演义》重要事件发生地分布示意图

《三国演义》在中外文学史上都具有崇高的地位，对我国历史小说的繁荣有着巨大的推动作用。它是一座极为丰富的精神宝库，直到今天，仍然受到广大读者的喜爱。

赤壁之战

公元208年，曹操率领二十万大军南下。此时刘备退守湖北武昌，他只有军士两万多人。在军师诸葛亮的建议下，刘备决定与孙权共同抗曹。孙权则派大将周瑜带领三万军士与刘备一起战斗。

曹军驻扎在赤壁。由于曹军多是北方人，在船上不习惯，曹操下令用铁索把战舰锁在一起，以便船行平稳。诸葛亮和周瑜见状，都决定用火攻的方法进攻曹操。曹军战舰因为锁在一起，一时无法解开，不一会儿便烧成了一片火海。火又烧到了岸上，曹军死伤不计其数。

《水浒传》是中国历史上第一部用白话文写成的歌颂农民起义的长篇小说，作者是元末明初的施耐庵。施耐庵35岁中进士，由于生活在元朝的残酷统治下，深感自己与当道的权贵不合，决定归隐著书。元末农民起义，朱元璋曾多次让他出山，他都坚辞不出。为了避战乱，他迁到今江苏兴化施家桥村定居，专心从事创作，最后终于完成巨著《水浒传》。该书描写了北宋末年以宋江为首的一百零八位英雄在梁山泊起义，以及聚义之后接受招安、四处征战的故事。

《水浒传》一书艺术上最大的特点就是塑造了一批有血有肉、栩栩如生的人物。三十六天罡星和七十二地煞星组成了梁山泊一百零八名英雄好汉。这一百零八人性格各异、各有所长，是我国文学史上经典的人物群像。其中形象特别突出的有三十多个，如仗义干练的宋江、光明磊落的林冲、足智多谋的吴用、精明能干的杨志、直爽率真的李逵,以及正直能干、忠于职守的阮氏兄弟,武艺超群、有情有义的花荣……

花荣在梁山泊英雄中排行第九,为马军八虎骑兼先锋使之首。他有"百步穿杨"的功夫,一杆银枪、一张弯弓射遍天下无敌手。他生得一双俊目,齿白唇红,眉飞入鬓,宽肩细腰,银盔银甲,善骑烈马,能开硬弓,被比作西汉"飞将军"李广,人称"小李广"。花荣因为替义兄宋江打抱不平而遭小人陷害,后被好汉王英等相救,上了梁山。在宋江被高俅等害死后,他与吴用一同在宋江墓前自缢身亡。

⊕水浒人物花荣像

《水浒传》对后世的文学产生了重大影响。它刊行后不久,嘉靖年间的一批文人就盛赞它写得"委曲详尽,血脉贯通,《史记》而下,便是此书"。《水浒传》不但对我国的英雄传奇小说创作起到了一定影响,而且在世界范围内广泛流传并得到了高度评价。《大英百科全书》说:"元末明初的小说《水浒传》因以通俗的口语形式出现于历史杰作的行列而获得普遍的喝彩,它被认为是最有意义的一部文学作品。"

《西游记》的作者是明代小说家吴承恩。吴承恩自幼聪慧,博览群书,尤其喜欢看神仙鬼怪、狐妖猴精之类的书,这对他创作《西游记》产生了重大影响。30岁以后,他搜集的奇闻怪事已经"贮满胸中",有了创作大部头作品的念头。他在科举中屡试不中,嘉靖年间被选为岁贡生,此时的他已经40多

⊕清代《西游记》插图

岁了。49岁的时候，他迁居南京，靠卖文为生。此后陆续写了《西游记》的前几十回。54岁的时候，他任浙江长兴县丞，小说创作便中断了多年。但他终究不能适应官场，最终"拂袖而归"。隆庆四年（1570年），他开始着力撰写《西游记》，最终成就这一中国神魔小说的巅峰之作。

《西游记》是中国古代第一部浪漫主义长篇神魔小说，全书共100回。小说中，唐僧带着孙悟空、猪八戒、沙和尚三个徒弟经受了九九八十一难后，终于到达西天见到如来佛祖，取得真经，修成正果。

《西游记》是我国文学史上浪漫主义小说的杰作，其艺术特色可以用两个词来概括，一是奇幻，二是奇趣。作者吴承恩运用浪漫主义手法，描绘了一个色彩缤纷、神奇美丽的幻想世界，创造了一系列妙趣横生、引人入胜的神话故事。

> 孙悟空是《西游记》中被描写得最为出色的形象。神通初成的孙悟空闹龙宫，闯地府，大闹天宫，后来在与如来的打赌斗法中失利，被压在五行山下，五百余年悔过自新。后经观音点化，被唐僧救出，法号行者，保护唐僧西天取经，一路不畏艰难困苦，降妖除魔，历经九九八十一难，最后取得真经，修成正果，被封为斗战胜佛。孙悟空敢于反抗权贵、不畏千难万险的精神是全书的亮点，也是最有感染力的部分。

《红楼梦》被列为中国古典四大名著之首，一般认为是清代作家曹雪芹所著。

曹雪芹（约1715—约1763年），出生于江宁（今江苏南京），是江宁织造曹寅之孙。早年家境富裕，尽享奢华。曹雪芹小时候走亲访友多次游历苏州、扬州、常州等地，钟爱于江南的山水风物。好景不长，雍正六年（1728年），曹雪芹13岁，曹家因亏空获罪被抄家，

⊕林黛玉进贾府

曹雪芹随家人迁回北京老宅。一个锦衣玉食的公子，顷刻间成为罪囚之属，经历了生活的重大挫折。曹雪芹深感世态炎凉，对封建社会有了更深刻、更清醒的认识。他爱好广泛，研究涉猎的领域颇多，历经多年艰辛，创作出极具思想性、艺术性的伟大作品——《红楼梦》。小说以贾、王、史、薛四大家族的兴衰为背景，以贾宝玉和林黛玉的爱情悲剧为主线，真实而艺术地反映了封建社会晚期广阔的社会现实，揭示了封建社会必然崩溃的历史发展趋势。

《红楼梦》这部古典小说还有《石头记》《风月宝鉴》等书名，但都没有《红楼梦》更符合原书旨意。"红楼"和"朱门"一样，是古代王侯贵族住宅的代称。原书中说："红楼梦"是"总其全部之名"。意思是说，整部小说写的就是红楼一梦，即"红楼梦"就是说红楼贵族的显赫无非南柯一梦。

在众多的红楼女子中，林黛玉无疑是最耀眼的一个，她和贾宝玉的这一场发生在封建社会大家庭中的爱情悲剧，让千千万万读者为之惋惜与慨叹。

木 石 前 盟

相传有一块女娲弃之不用的石头，有一天来到赤霞宫，做了神瑛侍者。

西方灵河岸边，三生石畔有株"绛珠仙草"，十分可爱。神瑛侍者每天用甘露浇灌，仙草因此修成了女体。她对神瑛侍者的恩情念念不忘，常说：我受了他雨露的恩惠，并无此水可还。他若下世为人，我也下世为人。我会把一生所有的眼泪还他，算是报答了恩情。这就是"木石前盟"的故事。

这个神瑛侍者就是《红楼梦》中贾宝玉的前世，那株可爱的仙草就是林黛玉的前世。贾宝玉与林黛玉因为"木石前盟"而结缘，也在现世中相知相恋，共谱了一曲爱情的悲歌。

作为一部"人情小说",《红楼梦》中的人物,是现实生活中的普通人,其中的故事更趋向于平凡的日常生活图景。因为不能"出奇制胜",也就增加了相关的细节描写,这些细节涵盖了人物的外貌、动作、语言乃至性格、心理刻画,以及诸如服饰、饮食、园林等生活中的细枝末节,从而增加了小说的真实感,拉近了和读者的距离。

《红楼梦》问世后,立即引起人们评论和研究的兴趣。近百年来,有关《红楼梦》的评论、研究日益发展、兴盛,形成了一种专门的学问——红学。研究红学论著之多,可以成立一所专门的图书馆。《红楼梦》的作者之辨、思想内涵、人物形象、艺术特征等方面,都得到了日益深细的探讨、解析,近几十年间红学研究更呈现出生机勃勃、欣欣向荣的景象。

其他明清小说

明清时期是中国小说史上的繁荣时期,除了四大名著之外,还有许多杰出的小说,如冯梦龙、凌濛初的白话短篇小说"三言二拍",蒲松龄的志怪小说《聊斋志异》等。明清小说中有很多作品,成为今天的影视作品的蓝本,被一再翻拍,也影响了周边国家。

冯梦龙(1574—1646年)辑纂的《喻世明言》《警世通言》《醒世恒言》合称"三言",收入了宋、元、明话本及拟话本一百二十篇。题材多取自稗史或传说,有宋元旧作,也有明人拟作,经冯梦龙润色加工,反映出当时市民阶层的思想、生活和情趣,对后世的白话小说及戏曲都有很大影响。凌濛初编著的拟话本集《初刻拍案惊奇》《二刻拍案惊奇》,合称"二拍",常与"三言"并称,地位相当。

"三言二拍"中最著名的故事有《杜十娘怒沉百宝箱》《转运汉巧遇洞庭红》《叠居奇程客得助》《乌将军一饭必酬》《李将军错认舅》等。或写男女爱恨情仇,或写商人发财的故事,反映出明中叶后商品经济活跃、市民思想意识得到进一步发展的时代特点。

《聊斋志异》是一部中外闻名的文言短篇小说集,作者是蒲松龄(1640—1715年)。他屡试不第,直到晚年才援例成为贡生,怀着科场失意的愤懑,用毕生的心血创作了《聊斋志异》。书中的故事生动奇特,大都与鬼怪、花仙、狐仙有关,比如《香玉》描写了书生和牡丹花妖的恋情。《聊斋志异》中的故事歌颂了美好的品德,表现了青年男女追求恋爱自由的愿望,揭露了封建制度的黑暗、不公,控诉了贪官污吏的罪恶,寄托了作者的理想和希望。这部小说深受人们喜爱,是中国文言短篇小说的高峰之作。

⊕蒲松龄像

自宋代开始,一直到清代,产生了无数的小说,这些作品以前所未有的广度和深度反映了当时社会生活的各个方面,成为民众认识社会和文娱生活的主要文学样式。这些白话小说不仅对中国后世的文学、戏剧、电影有巨大影响,也对日本、朝鲜、越南等国的文学创作产生过巨大影响,其中的优秀作品被翻译成十几种文字,为世界文化交流作出了重要贡献。

第三章
艺术之美

中国古代艺术门类众多,成就辉煌、富有独特魅力,而且呈现了世界上少有的数千年来持续发展,并一直保持形式多样而格调近乎统一的特点。

精彩纷呈的书画世界

在中国历史的长卷上，古代文人们或笔走龙蛇，写下流传千古的经史诗文；或挥毫洒墨，勾勒出栩栩如生的山水花鸟。那一笔一画、一毫一叶描绘出的书画世界，令后人如痴如醉。

独树一帜的文房四宝

笔、墨、纸、砚是中国独有的、十分具有中国特色的文书工具，被称为"文房四宝"。

毛笔在我国有着悠久的历史，新石器时代陶器上的纹饰，就已经用最原始的笔来描绘。据考古发现，我国现存的最早的毛笔是战国时期的毛笔。相传毛笔的发明人是秦国的大将蒙恬，所以秦、汉两代大量使用毛笔。

⊕ 毛笔

做毛笔的材料多达三十种，主要是兔毛、羊毛、狼毛、狐毛等。使用不同的材料或者按照一定的比例搭配，可以制成刚性、中性、柔性三种性能不同的毛笔。

刚性笔，用山（野）兔毛做的笔，富有弹性，为毛笔中最坚硬的一种，称"紫毫笔"。用黄鼠狼毛制成的笔，称"狼毫笔"，也属于刚性笔，具有很好的弹性，尤其适合写草书。

柔性笔，用羊毛制成的笔，性能非常柔软，称"羊毫笔"，写出来的字圆润丰满，适宜临写肥壮宽厚的字体，如颜体、苏体。

中性笔，也称"兼毫笔"，是用羊毛和兔毛或羊毛和黄鼠狼毛两种毛配制而成。它软硬适度，具有"刚柔相济"的特点。

按照用途区分，毛笔有小楷、中楷和大楷之别，它们也称长锋、中锋和短锋。小楷笔以紫毫、狼毫为好，中、大楷笔则用羊毫或兼毫。早在晋唐年间，我国最负盛名的毛笔产地是宣州溧水县中山（今江苏溧水、溧阳一带）。而从元代至今，最著名的毛笔产地一直是浙江省吴兴县善琏镇，因属湖州，所以所产毛笔被称为"湖笔"。据说元代时，湖笔贵如珍珠，人们以千金重价购买。

中国书画奇幻美妙的艺术意境能得以实现必须借助于墨这种独创的材料。墨是我国独有的发明，在春秋战国时，《庄子》中就有"舐笔和墨"的句子。墨的原料取自松烟，最初是用手捏合而成，后来用模制，墨质坚实。从制成烟料到最后完成出品，其中要经过入胶、和剂、蒸杵等多道工序，也是一个艺术性的创造过程。

今陕西省千阳县，靠近终南山，山上古松甚多，用来烧制成墨的烟料，极为有名。而成墨以徽墨最富盛誉，早在北宋年间，徽州（今安徽歙县等地）出产的"徽墨"就美名远扬。徽墨历经千年而声名不减，是中国制墨技艺中的一朵

⊕徽墨

奇葩。徽墨色泽黑润、入纸不晕，还能防腐防蛀。徽州作为中国的"墨都"，从唐宋开始就不断涌现出制墨名家，他们所制的墨远近闻名。

此外，按照墨的产地划分，还有一种墨几乎与徽墨有着同等的地位，那就是"瑞墨"。安徽歙县制墨人将制墨技术传到了江西瑞金后，瑞金才开始产墨，故名"瑞墨"。瑞墨质地细腻，黝黑发亮，墨汁泛紫光，气味芬芳，其质量仅亚于徽墨。从清道光元年（1821年）起，瑞墨被列为贡品，岁岁进贡朝廷。直到清末，瑞墨的制作工艺逐渐失传。

纸最早是由我国发明的，现今出土的最早的纸是西汉时期的。东汉蔡伦改进造纸术，使得纸张得以普及，也为世界文化的传播作出了卓越的贡献。

在西汉时，制作纸张的原料主要是麻，麻的价格比较昂贵。到东汉时，蔡伦进一步改进了造纸的工艺和技术，纸价便宜很多，纸张得到了广泛的应用。到了明代，则开始生产专门适应书画需要的宣纸。

我国宣纸的主要产地是安徽宣城一带（旧属宣城府治的宁国、泾县、太平、宣城等地）。宣纸质地绵韧、光洁如玉、不蛀不腐，享有"千年寿纸"的美誉。唐代书画评论家张彦远的《历代名画记》中就有"好事家宜置宣纸百幅"的句子。

⊕宣纸

砚，本意是"研磨"的"研"，是古人用墨和水经过细细研磨成为墨汁的工具。依据制作的原料不同，砚分为石砚、陶砚和玉砚等。

砚是中国书法的必备用具。砚台不仅是文房用具，由于其性质坚固，传百世而不朽，又被历代文人作为珍玩藏品之选。从唐代起，广东端州（今广东肇庆端州）的端砚、安徽歙县的歙砚、甘肃南部的洮河砚和山西、河南的澄泥砚被并称为"四大名砚"，其中尤以歙砚和端砚为佳。

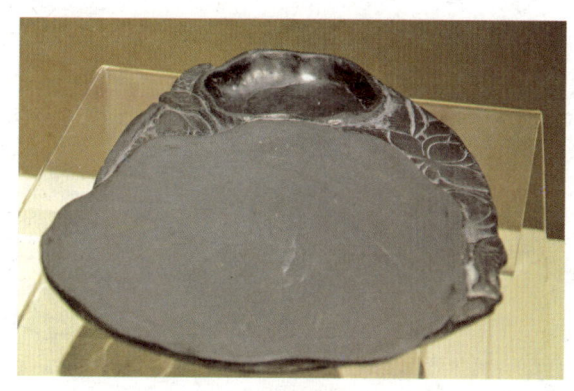
⊕歙砚

歙砚至今已有 1 200 多年的历史。歙砚石质坚韧细腻、纹理自然、墨水不涸、洗之易净，因产于歙县龙尾山，故又称"龙尾砚"。歙砚的制作材料歙石坚润，颗粒细，故有发墨深沉益毫、滑不拒笔、涩不滞笔的效果，受到历代书法家的称赞。南唐后主李煜曾说"歙砚甲天下"，北宋书法家米芾赞之"金星宋砚，其质坚丽，呵气生云，贮水不涸"。

端砚古时已十分名贵，现在更因出产端砚石的砚坑大多枯竭、砚石资源越来越少而愈加名贵。端砚以石质坚实、润滑、细腻、娇嫩而驰名于世，用端砚研墨不滞，发墨快，研出的墨汁细滑，书写流畅不损笔毫，字迹颜色经久不变。宋朝诗人张九成曾赋诗赞誉道："端溪石砚天下奇，紫光夜半吐虹霓。"端砚之所以名贵，还与其开采、制作的艰辛有关。一方端砚的问世，要经过探测、开凿、运输、选料、整璞、设计、雕刻、打磨、洗涤、配装等十多道艰辛而精细的工序，才能使其造型式样多姿多彩，身价倍增。

"文房四宝"各有各的用途，各有各的讲究，成为中国独特的传统书画艺术不可或缺的部分，越来越多地得到世界各国人们的瞩目、喜爱。文房用具除了"四宝"之外,还有笔筒、笔架、墨床、墨盒、笔洗、书镇、水勺、砚匣、印泥等,这些都是书房中的必备之品。

⊕ 中国文房四宝产地分布图

名家辈出的书法艺术

汉字是世界上最古老的文字之一。早在原始社会晚期，我们的祖先就在龟甲、兽骨，或者各种器物上刻画符号以记事。这些符号以后渐渐演变成汉字。汉字在长期演变的过程中，形成了甲骨文、金文、小篆、隶书、草书、行书、楷书等字体，汉字的结构、笔画也在不断演变。汉字演变的总趋势是由繁到简，字体逐步规范化、稳定化。

书法艺术是以汉字为载体的，而汉字的点线组合反复多变，可以神奇地组合成无数不同的形体，这在世界各民族的文字中是极为罕见的。中国汉字书法艺术渊源甚早，从书法艺术的形体种类上，主要分为篆、隶、楷、行、草五大类别。

楷书始于汉末，从隶书演化而来，因为它形体方正，笔画平直，可作为写字的楷模，所以叫作"楷书"。在楷书书法发展历史中，欧阳询、颜真卿、柳公权与赵孟頫四人影响深远，被后世称为"楷书四大家"。

欧阳询（557—641年）是唐朝初期的书法名家。他的楷书法度严谨、笔力险峻，被称为"欧体"。他的《九成宫醴泉铭》等作品，被誉为"唐人楷书第一"。

> 欧阳询聪敏勤学，爱好书法几乎达到痴迷的程度。有一次，欧阳询骑马外出，偶然在道旁看到晋代书法家索靖所写的石碑。他骑在马上仔细观看了一阵才离开。刚走几步，又忍不住再返回下马观赏。他赞叹多次而不愿离去，干脆铺上毡子坐下反复揣摩，竟然在碑旁一连坐卧了三天才离去。

颜真卿（708—784年）是盛唐时期杰出的书法家。他博采众长，擅长行书和楷书，创立了"颜体"楷书。他的楷书吸取金文和篆书的优点，丰腴雄浑，遒劲而气概凛然，人们因此用"颜筋"来概括他的书风特点。其代表作有《多宝塔碑》《颜勤礼碑》等。

柳公权（778—865年）是唐朝中期的书法家。他的书法初学王羲之，后来遍观唐代名家书法，在颜真卿、欧阳询楷书基础上，融汇新意，最终形成了独具特色的"柳体"。他的字以骨力劲健见长，给当时的书坛吹来一股清新的空气，传世碑刻有《金刚经刻石》《玄秘塔碑》等。颜真卿与柳公权并称"颜柳"，后人用"颜筋柳骨"来称赞他们的书法特色。

赵孟頫（1254—1322年）是元代初期很有影响力的书法家。他博学多才，能诗善文，还精通绘画和书法。赵孟頫的楷书风格集前代众多书法家之大成，风格遒媚秀逸，结体严整，笔法圆熟，被称作"赵体"。赵孟頫存世的书迹有《胆巴碑》《洛神赋》《道德经》等。

⊕《多宝塔碑》局部　　⊕《玄秘塔碑》局部

王羲之（303—361年，一作307—365年，又作321—379年）是东晋时期著名的书法家，世称"书圣"。他出身于名门望族，祖上都是朝廷的大官。因为他曾经在朝廷担任过右将军等官职，所以人们也称他为"王右军"。在书法史上，他与儿子王献之合称"二王"。王羲之最有名的代表作就是被誉为"天下第一行书"的《兰亭集序》。

东晋永和九年的春天,天朗气清,惠风和畅。会稽山阴的兰亭之中,来了一群特殊的客人。当时任会稽内史的王羲之和友人在这里修禊雅集,饮酒赋诗。酒酣之际,众人诗兴大发,写下了许多诗篇,大家推举王羲之来写序文。王羲之欣然应诺,略作思索,大笔一挥,写下了流传千古的《兰亭集序》。

《兰亭集序》文笔优美,情辞并茂。其中的"仰观宇宙之大,俯察品类之盛"等句子流传千古。从书法上来说,《兰亭集序》在章法、结构、用笔上都达到了行书艺术的高峰,王羲之的妙笔"飘若浮云,矫若惊龙",全篇三百多个字,各具风姿,相同的字写法都不同。尤其是20个"之"字,变化多端,写法各异,令人拍案叫绝。

⊕《兰亭集序》(全卷)

草 书

在书法史上,除了行楷以外,许多人更加钟爱自由洒脱的草书。草书成就较高的是唐代的张旭和怀素。张旭的草书奔放不羁,纵笔如兔起鹘落,一气贯注,有急雨骤风之势。他的行为也至情至性,被当时的人们称为"颠张",其草书被称为"狂草"。杜甫曾在《饮中八仙歌》中写道:"张旭三杯草圣传,脱帽露顶王公前,挥毫落纸如云烟。"怀素的生活年代晚于张旭,他的草书如风,奇幻变化,舒展自如,飘逸自然,用笔有风趋电疾之势,世称"狂素"。历史上将这两人合称为"颠张狂素"。黄庭坚点评说:"此二人者,一代草书之冠冕也。"

传神写意的绘画艺术

中国画也称"国画",要求以形写神、形神兼备,做到"意存笔先,画尽意在",主要分为人物画、山水画、花鸟画这几大类。

人物画是以人物活动为主要描写对象的绘画,它是中国画的三大画科之一。按照题材分类,人物画可以分为历史人物画、宗教人物画和现实人物画三种。战国楚墓出土的《人物龙凤图》与《人物御龙图》帛画,是表现战国时期神话人物的经典作品,也是目前最早的独幅人物画作品。

古代人物画最大的特征,就是对于人物的描绘不仅要求满足外形的相似,更要着重人物性格与内心世界的揭示,即所谓的传神。

吴道子,唐代画家,被后世尊为"画圣"。他擅长绘画佛道、神鬼、人物、山水等题材,长于壁画创作。代表作有《送子天王图》《八十七神仙卷》等。

《送子天王图》描绘了佛教始祖释迦牟尼降生的故事,其中有他的父亲净饭王和摩耶夫人抱着他去朝拜大自在天神庙,诸神向他礼拜的场景。净饭王小心翼翼稳步前行,天神低眉拜迎佛祖。画家对人物刻画入微,衣带当风,栩栩如生。《送子天王图》让我们更多地是从艺术创作的角度来欣赏作者的绘画技艺之高超,想象之奇特。

⊕《送子天王图》局部

山水画是中国画的一种,以山川自然景色为主体。山水画秉受自然的精华、天地的秀气,所以不论阴阳、晦暝、晴雨、寒暑、朝昏、昼夜,都有无穷的妙趣。北宋王希孟的《千里江山图》是一幅青绿山

⊕《千里江山图》局部

水画。该作品以长卷形式,描绘了烟波浩渺的江河、层峦起伏的群山这样一幅美妙的江南山水图。渔村野市、水榭亭台、茅庵草舍、水磨长桥等静景中穿插着捕鱼、驶船、游玩、赶集等人物行为,精细入微。

山水画借物抒情,不同于西洋风景画的描绘单一自然景,而是强调中国文化和哲学思辨下的山水精神。"元四家"之首黄公望的《富春山居图》,以长卷的形式,描绘了富春江两岸初秋的秀丽景色,以清润的笔墨、简远的意境,把浩渺连绵的江南山水表现得淋漓尽致,达到了"山川浑厚,草木华滋"的境界。

⊕《富春山居图》局部

孔子说"多识草木鸟兽之名"。历代的文人在中国传统的"天人合一"思想影响之下,感应四时的变化,便常常通过描绘草木的荣枯变化、鸟兽虫禽的姿态、树木果蔬的形貌,来表达内心幽微的情感。

花鸟画成熟于唐代。薛稷是唐代书画家,他擅长画人物、花鸟,尤精于画鹤,能准确生动地表现出鹤的形貌神情。杜甫有诗称赞他说:"薛公十一鹤,皆写青田真。画色久欲尽,苍然犹出尘。低昂各有意,磊落如长人。"

五代时期,西蜀、南唐都设立了画院,绘画迅速兴旺起来。黄筌是五代西蜀画院的宫廷画家,他所画禽鸟造型精确,骨肉兼备,形象丰满,几乎不见笔迹,似轻色染成,谓之"写生",流露出一种雍容精丽的富贵气象。其作品是画院花鸟画创作的标准。今有《写生珍禽图》传世。

明代花鸟画融入了水墨写意的笔势。以徐渭为代表的泼墨大写意画非常流行。徐渭的水墨葡萄，串串果实倒挂枝头，鲜嫩欲滴，形象生动，茂盛的叶子以大块水墨点成，风格疏放，代表了大写意风格。

朱耷（1626—1705年），号八大山人，明末清初画家。他不拘成法，创造性地发展了大写意水墨画法，笔情纵恣，意境荒凉。朱耷的画每一幅都极具个性，画中的青白眼、蜷缩的鸟、傲然屹立的荷花，无一不表现出隐藏在画中的孤寂、高傲和愤世嫉俗的精神。

中国画的两种绘画技法

中国画的两个基本技法是写意和工笔。写意俗称"粗笔"，是与"工笔"相对的一种绘画技法，可分为"大写意"和"小写意"两种，通过简练概括、放纵恣意的笔墨，着重表现描绘对象的意态神韵。它出现于工笔人物画成熟之后，是由宋代的梁楷创造的。明代中期，水写意画迅速发展，泼墨大写意画非常流行，出现了很多名家，如人称"青藤白阳"的徐渭和陈淳，就是当时成就突出的两位画家，他们的著名作品有《红梨诗画图》《墨葡萄图》等。

"工笔"又称"细笔"，与写意相对，为细致写实的中国画技法，特点是注重线条美，造型严谨，一丝不苟。中国的工笔画起源于战国，到两宋走向成熟。工笔画是中国画中追求"形似"的画种，关注"细节"，注重写实，画人状物尽其精微，力求"取神得形，以线立形，以形达意"，获取神态和形体的完美统一。历代工笔画名家有唐代的周昉、张萱，明代的仇英等人，著名作品有《簪花仕女图》《虢国夫人游春图》等。

⊕徐渭《墨葡萄图》局部

绕梁三日的琴瑟之音

中华民族有各种各样独特的乐器,比如现在常见的琴、筝、箫、笛、二胡、琵琶、丝竹、鼓等,它们演奏出的美妙音符组成婉转动人的旋律,共同构成了我国历史悠久、独具魅力的古代音乐。

乐的起源

"乐"是一个象形兼会意字。繁体的"樂"下面是乐器本身的木架,上面是以丝做成的弦。但是音乐的起源肯定比丝弦乐器要早得多。有人认为,音乐源于先民模仿鸟叫虫鸣;也有人认为,音乐源于巫术祝祷。但

⊕距今约5 000年的舞蹈纹彩陶盆

不管怎么说,音乐的起源离不开劳动人民。我们的祖先为了向神灵祈福和鼓舞劳动气氛,经常边舞边唱,在这种情况下,音乐就产生了。

在中国古代的文献中,一般将音乐的历史追溯到黄帝时期。20世纪以来,随着与音乐相关的乐器等文物不断出土,中国音乐由来已久的历史被一次次地证明。从目前发现的考古文物来看,在浙江河姆渡遗址发现的用泥土烧制的"陶埙"和用鸡骨削制的"骨哨"距今约有七千年,是目前所知最早的吹奏乐器。

河姆渡遗址出土的陶埙已经能够发出五个高低不同的声音，说明早在原始社会后期五声音阶就已经在我国出现。五声音阶在我国最早的文字记载出现在春秋时期左丘明所著的《左传》《国语》。商代出土的陶埙已经能够吹出七个高低不同的声音，显示出完整的七声音阶，这说明商代已在原有五声音阶的基础上发展出了七声音阶。

⊕陶埙

"五音"指古代的五声音阶"宫、商、角、徵、羽"。五声音阶中的五个标准音相当于现代音乐七声音阶中的 1（do）、2（re）、3（mi）、5（sol）、6（la）。七声音阶中的七个标准音是在原五声音阶中"角（3）""徵（5）"中间增加一个"变徵（4）"，在"羽（6）"后增加一个"变宫（7）"。

乐谱是用图形、线条、数字、文字及其他视觉符号记录音乐的文献，是对音乐作品进行记录和使其再现的方式之一。我国最早的诗歌总集《诗经》中就有黄帝曾下令研制乐谱的记录，可惜没有说明记谱的方法，也没有当时的乐谱传世。现在我们能够看到的古代乐谱有字谱、减字谱、工尺谱等。

美妙的乐器

我们说一个人多才多艺，会说他"琴棋书画，样样精通"。这里的"琴"特指古琴。古琴又称瑶琴，是中国传统拨弦乐器。传说，上古时期的伏羲创制琴，设置五根弦分别对应五音。商朝时，周文王被商纣王囚禁在羑里，因思念儿子伯邑考，加了一根文弦；周武王伐纣，加了一根武弦。于是琴变成了七弦，又称文武七弦琴。

古人"左琴右书"。琴寄寓了文人风凌傲骨、超凡脱俗的处世心态，被文人雅士视为修身养性的必由之径。《三国演义》中，诸葛亮使空城计靠的就是弹得一手好琴。古琴名曲很多，流传至今的有《高山》《流水》《梅花三弄》《平沙落雁》《十面埋伏》等，但也有很多名曲已经散佚了，如《广陵散》。1977年8月和9月，美国发射了两颗"旅行者"号宇宙探测器，《流水》就被灌录在《地球之音》声像片内放进探测器送入太空，作为人类向外星人发出的音响信号之一。

现在人们经常混淆琴和筝。事实上琴有七弦，弹奏的时候，右手拨弹、左手按弦，音色低沉悠远。而筝常见的有二十一弦，弦下有柱，音色清脆华丽。弹奏时，手指需佩戴甲片。

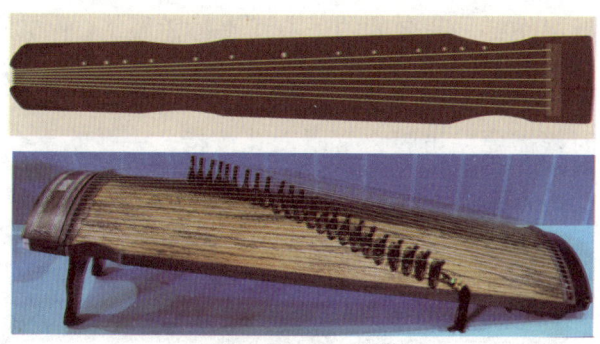

⊕ 琴和筝

高 山 流 水

　　传说，春秋时期，俞伯牙随成连先生学古琴。他掌握了演奏技巧，但演奏少了点神韵，不能引起欣赏者的共鸣。于是，成连先生将伯牙带到东海蓬莱山后，悄然离去。

　　伯牙十数日不见先生归来，面对大海，倾听涛声；远望山林，郁郁葱葱，群鸟啁啾，心旷神怡，浮想联翩。他把自己的感受谱成乐曲，就成了《高山》和《流水》。成连先生返回后，听了他感情真切的演奏，高兴地说："现在你已经是天下最出色的琴师了！"伯牙恍然大悟，原来这涛声鸟语就是最好的老师。此后，伯牙不断积累生活和艺术体会，终于成了天下弹琴的高手。

春天，柳树返青，这时候折下一枝柳条，截下光洁圆润的一段嫩枝来，然后轻轻扭动树皮褪去中间的木芯，这样就能得到一支清脆的柳哨了！

远古时期，古人也发现了这种奇妙的现象，他们用动物中空的骨头做成有许多小孔、能吹奏美妙音乐的管子，把它叫作"骨哨"或者"骨笛"。这就是箫和笛的祖先。

箫，也叫洞箫。它比笛子要长一些、重一些。常见的制式为八孔竖吹，吹孔在箫的顶部，不用贴笛膜。箫的音量没有笛子那么大，音色较为低沉伤感。著名的曲子有《平沙落雁》《平湖秋月》等。

笛是我国最有代表性的吹奏乐器之一，是常见的横吹管乐器。吹奏的时候需要贴笛膜，常以六孔按指，一孔吹奏。音色清脆悠扬，适合在空旷的地方吹奏。著名的曲子有《姑苏行》《喜相逢》等。

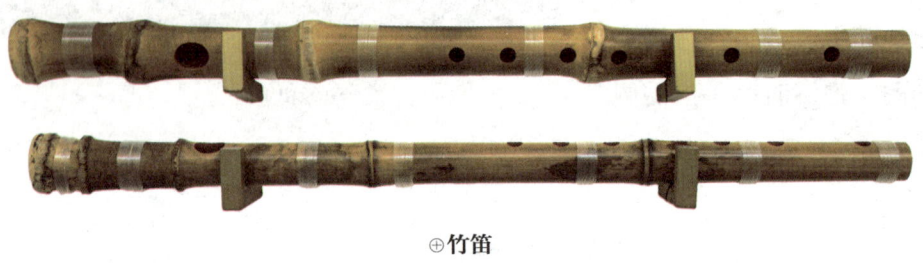
⊕竹笛

李谟，唐朝音乐家，擅长吹笛。据说他为了学习吹笛，曾经专程去往龟兹国拜师学艺。学成之后，他在越州宴上吹笛。笛声响起时，天空云散雾收，流水和草木都寂然无声。在座的客人们都赞叹不已，认为即使是九霄中的天籁之音也比不上它。

编钟兴起于西周，盛于春秋战国直至秦汉。它由大小不同的扁圆钟按照音调高低的次序排列起来，悬挂在一个巨大的钟架上，用丁字形的木锤和长形的棒分别敲打。因为钟的大小、音调不同，可以演奏出美妙的乐曲。1978年在湖北省随县出土的大型战国编钟，保存完好，用它可演奏古今中外所有乐曲。更可贵的是它上面还刻有关于音乐知识的铭文。

编钟是身份地位和权力的象征，是上层社会专用的乐器。成语"钟鼎之家"，指的就是官宦权贵人家。这是因为豪门贵族吃饭时要奏乐击钟，用鼎装着各种食物来吃。

⊕编钟

编钟还是重要的礼器。"八音之中，金石为先"。古代每逢征战、宴飨、朝聘、祭祀，都要演奏编钟。编钟是中国古代音乐艺术和青铜器铸造工艺的完美结合，令世人无法不为中国古代音乐辉煌的成就而惊叹。

传世名曲

中国古代音乐源远流长，在漫长的历史长河中产生了许多音乐家，他们创作的曲子经过岁月的洗礼，跨越千年，依然为后世所传诵。

《秦王破阵乐》，又名《七德舞》。620年，秦王李世民打败了叛军取得胜利，将士们兴高采烈，用旧曲填入新词，唱起了歌颂秦王的"破阵乐"。李世民登基后，亲自把这首乐曲编成了舞蹈，再经过宫廷艺术家的加工、整理，成为一部庞大的、富丽堂皇的大型乐舞，并在原有的曲调中揉进了龟兹的音调，婉转而动听，高昂而且极富号召力。演奏时大鼓震天响，传声上百里，气势雄浑，感天动地。这首乐曲后来成为宴飨、祭祀的重要曲目。

《梅花三弄》相传是晋朝人所作，是我国最著名的古琴曲目之一。这支曲子借梅花的洁白、芬芳和耐寒等特征，来赞颂节操高尚的人。"三弄"是指同一段曲调反复演奏三次。反复演奏是为了突出梅花在寒风中凛然绽放的英姿及其不畏严寒、不屈不挠的气概。乐曲前半部分的曲调清幽、舒畅，表现了梅花冰清玉洁、高雅脱俗的气韵；后半部分则用稍快的曲调再加上音色的变化，来表达梅花在寒风中迎风摇曳、刚毅不屈的形态。

东汉末年，著名文学家蔡邕的女儿蔡琰（字文姬），在兵乱中被匈奴所掳，嫁给了匈奴的左贤王，并生了两个孩子。后来曹操派人接她回汉，她渴望回家，却又舍不得离开两个孩子。在这种痛苦的煎熬里，她写了一首乐府长诗，歌词叙唱悲苦的身世和思乡别子的情怀，曲子低沉悲怆、委婉悲伤，并带有一种激愤不平的浩然之怨，这就是《胡笳十八拍》。

蔡 文 姬

蔡文姬从小受到音乐的熏陶，非常热爱写词作曲，在音乐方面有很深的造诣。据史书记载，有一次，其父蔡邕在夜晚弹琴，弹着弹着忽然断了一根琴弦。蔡文姬在旁边马上说："断的是第二弦。"蔡邕轻轻一笑："你不过是偶然猜对罢了，现在我要考一下你。"于是，蔡邕故意弄断另一根琴弦，对蔡文姬说："这次你再猜猜。"蔡文姬不假思索，回答道："这次断的是第四弦。"蔡邕哈哈大笑，非常高兴，因为蔡文姬又猜对了。由此可见她在音乐上的天赋。

成就卓越的建筑艺术

中国历史文化悠久，建筑艺术源远流长。中国建筑，虽然不同地域和民族的艺术风格各有差异，但总体上却呈现很大的共同点，如强调对称，以木材为基本原料，采用榫卯结构等。另外，中国建筑还强调天人合一，常常把山、石、木、溪、泉等自然景观融入建筑之中，追求人与自然之间一种最为和谐的状态。

中国古代建筑的发展演变

我国古代建筑的发展演变，可以从明清上溯到六七千年以前的上古时期。河南安阳发掘出土的殷墟，是商代后期的都城遗址，距今也有三千多年了。遗址上有大量夯土的房屋台基，上面还排列着整齐的卵石柱础和木柱的遗迹。

秦汉时期，我国古代建筑有了进一步发展。在魏晋南北朝时期，佛教广为传播，这时期寺庙、塔和石窟建筑得到很大发展，出现了大量的佛教建筑。唐代是我国封建社会最繁盛的时期，也是我国古代建筑发展的成熟时期。代表建筑有西安的大明宫、大雁塔、华清池等。到了北宋时，在总结了隋唐以来的建筑

⊕ 大雁塔

成就后,《营造法式》由官方颁布施行。《营造法式》是建筑设计、施工规范书,是当时世界上较为完整的建筑著作。明清时期,我国古代建筑的建设又一次达到高潮。这一时期的建筑有不少完好地保存到现在,如北京的故宫、颐和园、天坛,苏州的拙政园、留园等。

中国古代建筑的主要特点

中国古代建筑是我国人民创造的光辉灿烂文化的一部分,也是世界建筑之林的一个独立的体系。我国古代建筑在材料选用、结构、平面布局和艺术造型等方面都有许多独到之处,形成了自己的东方建筑特点,在世界建筑中别具一格,并且影响了东亚的许多国家和地区。

中国古代建筑的首要特点就是它的结构。中国在数千年的历史发展中,逐步形成了以木构柱梁为承重骨架的木构架建筑体系。中国古代木构架有抬梁、穿斗、井干三种不同的结构方式。其中,抬梁式使用范围较广,居于首位。抬梁式是在立柱上架梁,梁上又抬梁,所以称为"抬梁式"。宫殿、坛庙、寺院等大型建筑物中常采用这种结构方式。穿斗式是用穿枋把一排排的柱子穿连起来成为排架,然后用枋、檩斗接而成,故称作穿斗式,多用于民居和较小的建筑物。井干式是用木材交叉堆叠而成的,因其所围成的空间似井而得名。这种结构比较原始简单。

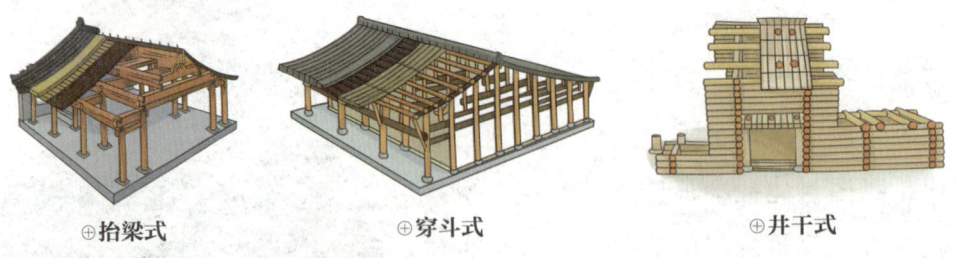

⊕ 抬梁式　　　　　⊕ 穿斗式　　　　　⊕ 井干式

木构架结构的优点较多。首先,承重与围护结构分工明确,屋顶重量由木构架来承担,外墙起遮挡阳光、隔热防寒的作用,内墙起分割室内空间的作用。其次，有利于防震、抗震，由于木材强度高、质轻而有弹性，而木构架结构所用的斗拱和卯榫又都有若干伸缩余地，因此在一定限度内可减少地震对这种构架所引起的危害。"墙倒屋不塌"形象地表达了这种结构的特点。

平面布局是中国古代建筑的另一主要特点。以木构架结构为主的中国古代建筑体系中，在平面布局方面形成了一种简明的组织规律，就是以"间"为单位构成单座建筑，再以单座建筑组成庭院，进而以庭院为单元，组成各种形式的组群。就单体建筑而言，以长方形平面最为普遍。就整体而言，重要建筑大都采用均衡对称的方式，以庭院为单元，沿着纵轴线与横轴线进行设计，借助于建筑群体的有机组合和烘托，使主体建筑显得格外宏伟壮丽。民居及风景园林则采用了"因天时，就地利"的灵活布局方式。

此外，中国古代建筑还突出造型优美的特点。造型尤其以屋顶造型最为突出，主要有庑殿、歇山、悬山、硬山、卷棚等形式，这些都是大屋顶，显得稳重协调。屋顶中直线和曲线巧妙地组合，形成向上微翘的飞檐，不但扩大了采光面，利于排泄雨水，而且增添了建筑物的美感。

中国古代建筑分类

中国古代建筑类型多样，主要包括宫殿、民居、园林、坛庙等建筑类型。

宫殿建筑，又称宫廷建筑，是传统建筑的精华。古代皇帝为了突出皇权的威严和至高无上，所建造的宫殿都规模宏大、气势雄伟，相比较其他建筑，宫殿建筑金玉交辉、巍峨壮观。北京故宫是明清时期建筑艺术的典范。故宫，旧称紫禁城，是明清两代的皇宫，前后共居住过二十四位皇帝。故宫的房屋共有九千多间，被称为"殿宇之海"，气魄宏伟，极为壮观。一条中轴贯通整个故宫，这个中轴又在北京城的中轴线上。在中轴宫殿两旁，还对称分布着许多殿宇，也都宏伟华丽，布局严谨有序。故宫城墙的四个城角都建有檐角层层叠叠的角楼，其建筑特色为"九梁十八柱七十二条脊"，异常美观。故宫建筑装饰雕梁画栋，龙飞凤舞，体现出一种庄严华丽的艺术魅力。

⊕北京故宫角楼雪景

坛庙是祭祀天地、日月、山川、祖先、社稷的建筑，有天坛、地坛、日坛、月坛、文庙、武庙、太庙等。坛庙建筑的布局和构建原则上与宫殿建筑相似，只是建筑体制有所简化，色彩上也不过多使用金黄色。

⊕北京天坛祈年殿

佛寺、道观的建筑原则和平面布局也都与宫殿建筑相似，只是规模较小，并且在装饰及室内摆设上带有各自的宗教色彩。佛寺除了佛殿还建有佛塔。寺、观内建有对称的钟楼和鼓楼。从建筑风格角度讲，中国的寺、

⊕白马寺

观常常选址于名山幽林,建筑与山峰、古树、溪泉、流水等相融,这就是所谓的"深山藏古寺"。

由于中国各地的自然环境和人文风情不同,各地民居也呈现出多样化的面貌。四合院通常采用南北对称的方式来修建,内外分明,层次井然。最简单的四合院只有一个院子,复杂的则有两三个院子甚至更多。北京四合院是四合院的典型代表。北京四合院多分为前后两院,各幢房屋朝向院内,以游廊相连接,居中的正房是款待客人的地方。庭院方阔,点缀石榴树、枣树、鱼缸、月亮门,是十分理想的室外生活空间。华北、东北地区的民居大多是这种宽敞的庭院。

⊕北京四合院模型

在陕西、甘肃、山西等黄土高原地区,当地居民在山崖土壁上凿洞,在洞内加砌砖石,建造窑洞。窑洞防火、防噪声,冬暖夏凉,节省土地,是因地制宜的完美建筑形式,渗透着人们对黄土地的热爱和眷恋。

⊕陕北窑洞

在安徽省的南部,保留着许多古民居。这些民居大都用砖木做建筑材料,周围建有高大的围墙。围墙内是两层小楼,庭院中有水池,堂前屋后种植着花草,摆放着盆景,各处的梁柱和栏板上雕刻着精美的图案。座座小楼，深深庭院，空间变化韵味有致，建筑色调朴素淡雅。建筑学家们称徽州民居是"古民居建筑艺术的宝库"。

⊕徽州民居

民居建筑丰富多彩，各具特色，最能生动直观地体现我国各地各民族文化多样性的特征。除了以上讲到的几种传统民居外，还有土楼、吊脚楼、竹楼等形态各异、风格不一的民居建筑形式。

中国的园林艺术世界闻名。古代的园林主要分为两种，一种是皇家园林，一种是私家园林。圆明园是坐落在北京西北郊的清代大型皇家园林，曾由圆明园、长春园和绮春园组成，还有许多小园子像众星拱月般四周环绕。它吸取江南名园的景貌特点，融合了东西方多种建筑风格，有"万园之园"的美称。圆明园经历了前后150余年的精心扩建、造景、修缮，园内不仅有精美的装饰和陈设，还收藏了极有价值的文物、图书和珍宝。可惜这样一座宏伟的园林，在第二次鸦片战争中遭受了巨大的屈辱与劫难。1860年，英法联军入侵北京，他们闯入圆明园，大肆抢劫文物和珍宝，最后

⊕圆明园遗址

又放火烧园,大火整整烧了三天三夜。1900年,八国联军攻占北京,圆明园再次遭到劫掠,留存的建筑基本上被毁,昔日金碧辉煌的园林成为一片荒凉的废墟。今天,圆明园昔日的中式园林区已了无痕迹,西洋楼残存的几处遗址仿佛在无言地诉说着曾经遭受的屈辱,也时刻提醒着后人不要忘记历史的伤痛。

苏州园林是中国私家园林的代表,它充分体现出南方建筑小巧精致的典型特点,同时又很讲究建筑布局。从整体上看,苏州园林通过景物的布置使得整个空间充满层次感,给人变化无穷的感受。在景物的设计上,苏州园林不是重复堆砌,而是合理借景,流水、假山、庭院、花木等错落有致,极富情趣。在众多的苏州园林中,最著名的是沧浪亭、狮子林、拙政园和留

⊕ 苏州园林一角

园,它们也被称为苏州"四大名园"。拙政园是苏州最大的古典园林,起初是唐代诗人陆龟蒙的住宅。明朝时,"江南四大才子"之一的文徵明对拙政园设计重建。拙政园疏朗开阔、明净秀雅,充分表现出江南私家园林的艺术风貌。

"飞檐斗拱"是我国古典建筑的特殊结构。"斗拱"是中式古建筑承重柱与屋顶之间的过渡结构,起承接支撑作用。斗拱还是中国古建筑抗震能力的关键所在。遇到地震,在斗拱的起承转合下,建筑体能够借此化解地震冲击。

"飞檐"是中式古建筑的屋角,常建为四角翘伸的形态,仿佛地面有股气在托举着屋檐,这样就使得建筑有一种飞动轻快的动感。飞檐便于采光,利

⊕ 飞檐翘角

于排水。

2010年上海世博会上，中国国家馆以中国红的斗拱结构惊艳亮相。"飞檐斗拱"这个词语，逐渐成为中式建筑的代名词。

⊕ 中国部分古代建筑分布图

多姿多彩的其他传统艺术

中华民族是一个有着深厚文化底蕴的民族,传统艺术在其中迸发着灿烂的光辉。我国的传统艺术门类繁多,雅俗共赏,除了悠扬动听的古代音乐、清新淡雅的水墨画、刚柔并济的书法之外,还有许多其他传统艺术就在我们的身边,无时无刻不在浸润着我们的生活。它们靠着口耳相传、代代相承,顽强地生长、开花、结果,成为中华文化中质朴而灿烂的一枝。

声情并茂的中国戏曲

中国戏曲起源于原始歌舞,历史悠久,源远流长。经汉、唐到宋、金,形成了比较完整的艺术体系。中国戏曲种类繁多,其中尤以昆曲、京剧、越剧、黄梅戏、评剧、豫剧等最为著名。

昆曲,又叫昆剧,是中国传统戏曲中最古老的剧种之一,被称为百花园中的一朵"兰花"。昆曲发源于苏州昆山地区,已有六百多年历史,它的源头可以追溯到元末明初的昆山腔。明代嘉靖年间,昆山腔经过一批音乐家的革新,一时蔚起,出现了"家家收拾起,户户不提防"的传唱盛况,曾称雄剧坛两百多年,成为我国传统

⊕ 昆曲

戏剧的一座高峰。

昆曲是曲牌体，它继承了古代诗词曲的传统，以诗的形式写成，是中国传统戏剧最精粹最优美的样式。昆曲是最早列入世界非物质文化遗产名录的中国传统戏剧。2001年5月18日，联合国教科文组织以全票通过，将昆曲列为首批"人类口头和非物质遗产代表作"。昆曲以丰厚的历史文化积淀和珍贵的戏曲文化价值，成为人类共有的精神文化财富。

京剧源自清朝乾隆年间徽剧戏班进京演出，之后又吸取了昆曲和秦腔等剧的优点，是中国戏曲第一大剧种。它形成了一套独特的美学体系，风靡全国以至海外，堪称"国粹"。

1790年，乾隆皇帝八十大寿，艺人高朗亭率"三庆"徽班进京贺寿。紧接着"四喜""春台""和春"等徽班也相继北上进京——史称"徽班进京"。这四大徽班在北京受到上自达官贵人、下至贩夫走卒的广泛喜爱。

徽班不断吸收众多地方剧种的优点，如吸收陕西秦腔的乐调，史称"徽秦合流"；吸收湖北汉剧的皮黄系统，史称"徽汉合流"。除此之外，还吸收其他民间曲调的唱腔、剧目和表演方式，逐渐形成了一种全新的剧种——京剧。

京剧舞台上的角色分"生、旦、净、丑"四种类型，这在京剧里叫作"行当"。角色，尤其是净、丑的脸上画着富有象征性和夸张性的"脸谱"，如红色代表忠义、英勇，蓝色代表刚强、骁勇，黑色代表正直、无私等。京剧表演讲究"唱、念、做、打"，在表演中有唱、有舞、有对白、有武打，有各种象征性的动作，是一种高度综合性的艺术样式。

⊕京剧脸谱

京剧发展的近二百年间，出现了梅兰芳、程砚秋等著名艺术家，也出现了《霸王别姬》《贵妃醉酒》《玉堂春》《打渔杀家》等优秀剧目。在新时代，新一代表演艺术家将京剧不断发扬光大。作为中国非物质文化遗产的京剧，近年来越来越受到人们的广泛关注。

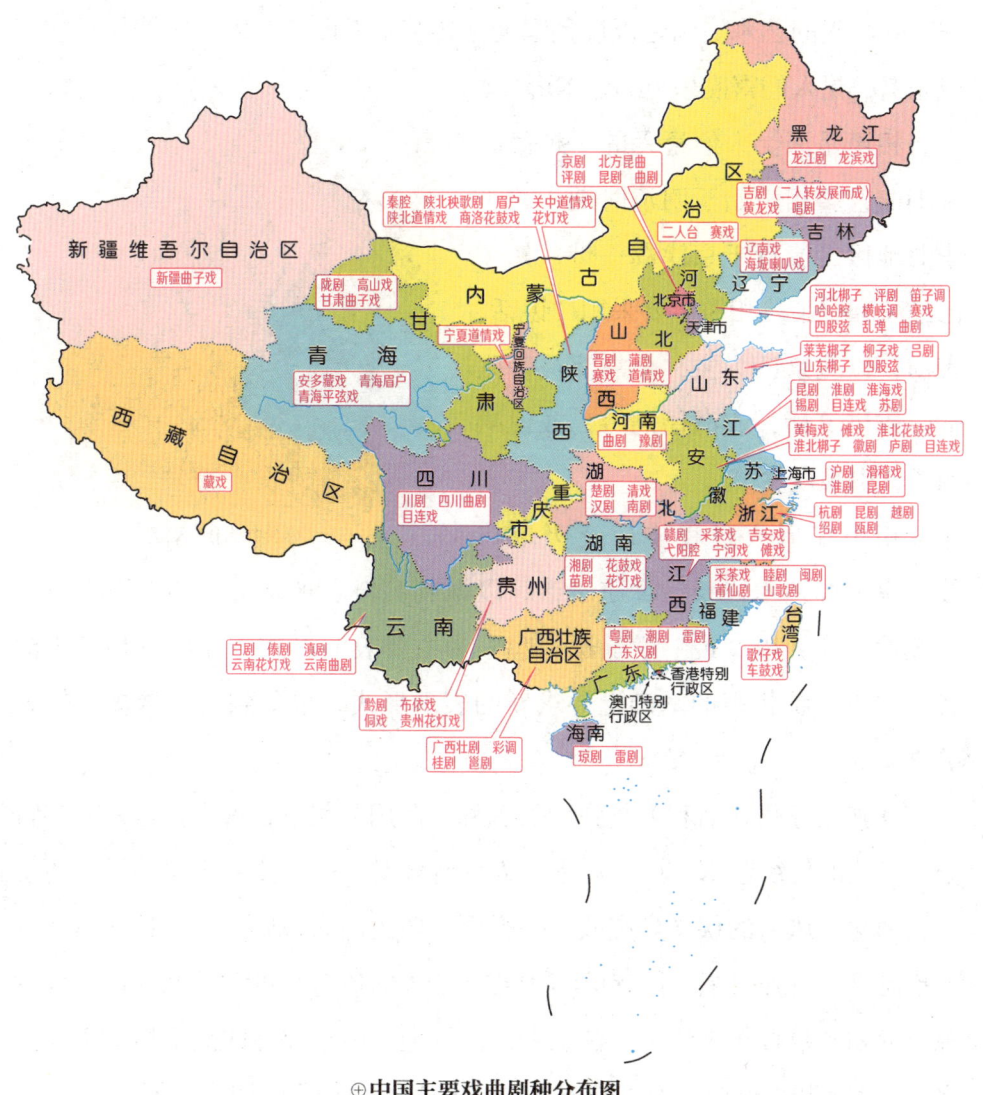

⊕ 中国主要戏曲剧种分布图

引人入胜的曲艺艺术

曲艺是中国历史最为悠久且传统最为深厚的艺术门类之一，是民间"说唱艺术"的统称。中国的各个地区都有自己的口头民间故事和小调歌曲，这些故事和音乐经过岁月的洗礼和人们的提炼，逐渐形成了集合吹、拉、弹、唱的艺术。曲艺以说和唱为主要艺术手段，辅以表情动作，或配以乐器，是人们喜闻乐见的艺术形式。

相声是深受人们喜爱的一种民间说唱曲艺。相声始于明清时期，源于华北地区，流行于京津冀一带，如今已经风靡全国。相声主要采用"说话"表演，以北京话为主，全靠演员一张嘴，或讲笑话，或滑稽问答，或说唱曲子，引观众发笑。

⊕ **传统相声表演**

相声在形成过程中广泛吸取口技、说书等艺术之长，寓庄于谐，以讽刺笑料表现真善美，以引人发笑为艺术特点，以"说、学、逗、唱"为主要表演形式。如今，相声表演者在继承传统相声的基础上寻求新的表现形式，也受到越来越多年轻人的喜爱。

评弹是苏州评话和苏州弹词的总称，使用苏州方言说唱。这是一门古老、优美的传统艺术。评话通常一人登台开讲，内容多为金戈铁马的历史演义和叱咤风云的侠义豪杰故事。弹词一般由两人说唱，一人持三弦，一人抱琵琶，自弹自唱，讲述的多为儿女情长的传奇小说和民间故事。评弹源于苏州，数百年来流传于江、浙、沪等地。由于评弹的故事情节多曲折离奇，表演扣人心弦，形式雅俗共赏，为社会各阶层人士所喜爱。

精妙绝伦的手工艺

手工艺是人们为了满足生活需要,运用智慧和手工劳动创造出来的物品,具有实用性的同时还有着一定的观赏性。在漫长的人类文明发展过程中,人们创造出了无数珍贵的手工艺品,这些珍贵的物品无论是在什么时代,它所蕴含的历史价值、文化价值和经济价值都弥足珍贵。

陶瓷即陶器和瓷器的统称,中国陶瓷业历经不同时代,形成了不同艺术风格和工艺技术,它将实用性和艺术性完美结合,创造了无数的工艺美术精品,备受世人的推崇,也影响了世界陶瓷工艺的发展。

瓷器脱胎于陶器,它的发明是中国古代先民在烧制过程中逐渐探索出来的。三千多年前的商代就已经烧制出所谓的"原始青瓷器";东汉时期烧制出了成熟的瓷器;自魏晋南北朝到唐代,制瓷技术有了很大的提高,出现了"南青北白"的局面;到宋元明清时期,我国制瓷业进入了发展兴盛时期,烧制出了许多新的品种,由单色釉发展到彩色釉,装饰纹样繁华复杂。名窑的此消彼长,最终使江西景德镇成为全国制瓷业的中心。

宋代是我国瓷器发展史上第一个黄金时代。宋瓷优美的形体、或沉静或变化的釉色、雅致的花纹、窑口的兴亡以及烧瓷师傅的传奇,都给后人留下了千古感叹。宋瓷有民窑、官窑,形成的"汝、定、官、哥、钧"五大名窑,誉满天下。如定窑在河北曲阳县(古定州),定窑主

⊕ **宋代汝窑天青釉圆洗**

要烧制餐饮用具，以产白瓷（牙黄白）而驰名，釉色润泽如玉。汝窑官窑主要为宋徽宗烧制文房用具以及碗、盘、瓶等器形。目前，全世界珍藏有据的汝瓷传世品只有92件，大多珍藏于北京故宫博物院、台北故宫博物院、上海博物馆、大英博物馆。

元代瓷器以青花瓷为代表，用含钴的颜料在瓷坯上绘出花纹，然后挂上透明釉，高温烧制后成为蓝花釉下彩。元代青花瓷的成功在瓷器的发展史上具有划时代的意义，也使元代青花瓷成为海上丝绸之路的畅销商品，伊朗、埃及、索马里、肯尼亚、日本等国都收藏有大量元代瓷器。

⊕元代青花飞凤麒麟纹盘

明代时，江西景德镇的窑口几乎一统天下。景德镇官窑瓷器胎釉精细，釉色浓艳，造型多样，纹饰优美。明代白瓷的成就超过了任何一个时代。白瓷是一切彩色瓷器的基础，永乐的"甜白釉"胎薄釉润，釉色柔和。

清康熙、雍正、乾隆时期的景德镇制瓷业进入了历史高峰，制瓷工艺水平领先世界。康熙时期的青花、五彩、三彩、珐琅彩等百花齐放。雍正时期的粉彩瓷粉润柔和，雅致清逸。乾隆时期的制瓷工艺登峰造极，青花玲珑瓷、象生瓷雕、仿古铜、竹木、漆器等特种工艺瓷，惟妙惟肖。

瓷器和陶器一样，是人类征服自然、改造自然、利用自然的重要发明创造之一。瓷器的发明不仅改变了人们的生活习惯，改善了人们的生活条件，提高了人们的生活质量，而且在一定程度上改变了人们的生活方式和价值观念。

陶瓷是中国奉献给世界的宝物，并形成了影响深远的"陶瓷之路"。

中国瓷器作为重要商品行销全国、走向世界的同时，也在传播着中华文化。陶瓷艺术作为中国的传统文化符号，是中华民族的宝贵财富。

玉雕，中国最古老的雕刻品种之一。玉石经加工雕琢成的精美工艺品，被称为玉雕。从距今约七千年的浙江河姆渡遗址出土的玉璜、玉珠等玉器，是人类历史上最早的玉石雕刻文物。

在雕刻玉器前，工艺师根据不同玉料的天然颜色和自然形状，精心设计、反复琢磨，结合浮雕、圆雕、镂空透雕，或者镶嵌组装，才能把玉料雕制成精美的工艺品。玉雕作品的题材很广泛，不仅有人物、器具、鸟兽、花卉等大件作品，也有别针、戒指、印章、饰物等小件作品。

中国玉的象征

玉在中国古代被视为神圣、尊贵的象征。远古时期，玉被用作祭祀的礼器。从西周开始，对进行朝觐、祭祀、宴飨等重要礼仪活动时不同品级的贵族或官员所持不同的玉器，有了明确规定。唐朝时，三品以上官员饰玉，五品以上官员饰金，余者饰银、铜、铁、石等。

"玉"还饱含着深厚的文化底蕴。玉是美好事物的象征，它象征人物的优美，象征品格的高洁，象征吉祥如意等。如"玉人何处教吹箫"中的"玉人"即是美人，"一片冰心在玉壶"中的"玉壶"比喻高洁的情操，"宁为玉碎，不为瓦全"的"玉"则象征忠贞刚正的气节。

⊕玉雕

泥塑,俗称"彩塑",是一种古老而又常见的民间艺术。考古发现最早的泥塑是浙江河姆渡文化遗址出土的陶猪、陶羊,距今约7 000年。两汉墓葬中发现的众多陶俑、陶兽、陶马车、陶船等陪葬品,则可以确切地认定是当时年代的产物。至唐宋时,泥塑艺术发展到鼎盛期,著名泥塑有甘肃敦煌莫高窟的菩萨塑像,山西太原晋祠的宫女塑像等。至清代,泥塑形成南北两个著名流派:北方有天津"泥人张",南方有无锡惠山泥人。

天津"泥人张"彩塑是在清道光年间发展起来的,自张明山先生首创,流传至今已有近两百年的历史。"泥人张"采用纯净胶泥,经风化、打浆、过滤、脱水,加以棉絮反复砸揉而成的"熟泥"来创作,其作品具有鲜明的现实主义色彩,形象生动,夸张合理,取舍得当,用色敷彩,典雅秀丽。

如果说"泥人张"的作品清新雅致,那么惠山泥人则鲜明艳丽。惠山泥人始于南北朝时期,距今已有1 000多年的历史,明末清初开始出现了专业的泥人作坊,加之当时昆曲流行,以戏曲人物为题材的手

⊕惠山泥人

捏戏文人物应运而生。20世纪30年代,惠山泥人工艺中融入石膏制作的技法,自此产生了石膏工艺泥人的新品种,惠山泥人艺术也逐渐发展成为富有江南地方特色的"惠山型"风格。

近几年,国家对"非遗"的保护力度加大,重要泥塑产地进入国家级"非遗"名录,而且有了国家级传承人,有些地方的学校还把泥塑引进了课堂,开设了泥塑课,让泥塑艺术得到普及、传承和发扬。

第四章
科学技术

中国古代的科学技术，在很长一段时期里都居于世界领先地位。在中国上下五千年连绵不断的历史进程中，中国古代劳动人民用数以万计的发明和创造，谱写了古代科学技术的辉煌历史。中国历史上的科学技术成就，也为世界文明的发展作出了很大的贡献。

辉煌灿烂的中国古代科学

中国古代，在长期的社会实践和对自然的探索中，劳动人民激发出无穷的智慧和创造力，积累了丰富的社会和科学知识，为中华文化宝库增添了无限光彩。与西方科学相比较，中国古代科学非常注重实用，在天文学、农学、医学、数学等许多领域都取得了举世瞩目的成就。

杰出的天文学

中国古代的天文学是十分发达的，不仅取得了很高的成就，而且得到了十分广泛的普及。例如，古代的农夫村妇都懂得"七月流火""三星在户""龙尾伏辰"等的天文含义，民间生活看天象十分流行。

中国古代天文学是从天象观测开始的。如《周易》所说："观乎天文，以察时变。"可见，古人观测天象的目的是认知时节的变化。历代天文学家对天象的观测，积累了丰富的天文学资料，也留下了早于世界各国的天文遗迹。距今五六千年的河南郑州大河村遗址中，有彩陶器皿画着太阳纹、月亮纹、日晕纹、星座纹等，还标示出对日、月、年的原始认识。这些文物表现了古代先民对自然的感悟，同时也是我国目前发现最早的天文学实物资料。

我国的天象观测开始很早，古人很早就发现了太阳黑子。其中，《汉书·五行志》中关于太阳黑子的记录得到了世界公认，它比西方早一千多年。又比如，中国古代关于彗星的记载，从殷商到清末，有五百余次之多。而得到世界公认的关于哈雷彗星的最早记录是在公元前613年，

"秋七月,有星孛入于北斗"。1974年,在江苏盱眙东阳汉墓群中发现的木刻星象图,比之前世界公认最早的耶路撒冷彗星图还早一百多年。此外,中国对新星、超新星的记录,对日食、月食的记录,也是世界上最早和资料最丰富的。

为什么彗星被叫作"扫把星"

在晴朗的夜晚,我们有时能看到拖着尾巴的星星从夜空中划过,这就是彗星。"彗星"在希腊语中指的是尾巴或者长发。而在汉语中,"彗"是扫帚的意思。彗星划过天际,尾部看起来好像是一把倒立着的扫把,故被称为"扫把星"。

作为太阳系中的一种小天体,彗星的组成成分多是尘埃和冰冻杂质。当它们靠近太阳的时候,太阳的热量会将其中的冰冻物质蒸发,从而形成彗发和彗尾。并且,迫于太阳风的压力,彗星的尾巴一定会与太阳的方向相反。此外,由于彗星的组成中含有冰冻物质,因此它们的体积并不稳定。当离太阳近的时候,它们遇热蒸发,体积变小,此时的彗发变大,彗尾变长,因此,当它们经过天际时,我们凭肉眼也能看到这条尾巴。

⊕ 彗星

在中国古代天文学知识中，比较重要的是人们常说的"七曜"和"二十八宿"，因为它们与我们的关系比较密切。所谓"七曜"，是日、月和金、木、水、火、土五颗行星的合称。所谓"二十八宿"，指黄道、赤道附近一周天的二十八个星宿，每个星宿都是若干颗星的组合，而二十八宿又按方位分为四组，与中国古代四方保护神相匹配。1978年在湖北省随州市曾侯乙墓出土文物的箱盖上，发现绘有二十八宿的完整图画和名称，可见"二十八宿"在战国时期已经形成。

我国古代天文学的最主要组成部分是历法，我国的历法是随着原始农业生产发展而逐步建立起来的，也就是说，我国的历法与农业生产直接相关。我国古代历法的内容包括年月日的安排，日食、月食的预报和节气的调整等。《尚书·尧典》中已经记载了一年分四季，有366天以及闰月。汉武帝时制定了"太初历"，形成了流传至今的中国第一部完整的历法。此后历代改历，到元代郭守敬创"授时历"，历法基本定型。

> 我国传统的历法之一——夏历，在世界上也别具一格，既不是阳历，也不是阴历，而是阴阳合历。夏历将月亮圆缺一次的时间定为一个月，也就是大月30天，小月29天。为了弥补一年与十二个月之间的时间差，祖先们创造了"加闰"的办法，使平均每年的天数跟太阳回归年的天数相接近，"以闰月定四时"，每年的同一个时间点也大致接近了。

中国是世界上天文学发展最早的国家之一，在古代产生了许多杰出的天文学家，他们在中国天文学的发展上都作出了不朽的贡献。

在西方的天文学家哥白尼、开普勒、伽利略之前的一千多年，我国诞生了一位伟大的天文学家，他叫张衡。张衡（78—139年），是东汉时期的天文学家、数学家、发明家，著有《灵宪》。

⊕张衡像

《灵宪》是世界上最早的天文学专著之一。另外,张衡还改进制造了浑天仪,方便进行天体演示和观测,是世界上第一架能准确观测天象的仪器。

中国古代认为"天圆如张盖,地方如棋局",即天像一个大圆盖子一样笼罩着方形的大地。张衡则提出"浑天如鸡子,天体圆如弹丸,地如鸡中黄"(出自张衡《浑天仪注》)。他认为宇宙充满水,其形状如鸡蛋一样是椭圆的,大地就像鸡蛋中的蛋黄漂浮在中间。

宋元时期是中国古代科学技术最为繁荣、各种发明创造层出不穷的重要时期,天文学、数学、医学都取得了新的成就。郭守敬(1231—1316年)就是这一时期杰出的科学家、发明家,也是当时世界上杰出的科学家之一。他在天文、历法、数学、水利、地理等方面都有很高的成就,尤其在对天文研究和天文仪器创制方面贡献巨大。他用四年时间制定出适用于元朝辽阔疆域、通行后世360多年的《授时历》,是当时世界上最先进的一种历法。

⊕郭守敬像

不朽的农学

中国自古以农业立国,历朝历代的统治者都把农业生产作为生存与发展的根本,因而中国古代农学的发展有着悠久的历史。

二十四节气是中国古代农业文明的具体表现,既包括相关的谚语、歌谣等,又包括与节令关系密切的节日文化、生产仪式和民间风俗。二十四节气具有很高的农业文化研究价值,2011年6月入选第三批国家级非物质文化遗产名录。

二十四节气起源于黄河流域。二十四节气中最早出现的是"二分"和"二至",即春分、秋分、夏至、冬至。西汉初年的《淮南子》中则出现了完整的二十四节气。二十四节气对应的是地球在围绕太阳公转的轨道上的二十四个不同的位置,因其位置不同,其所反映的气温、物候、雨量变化也不同,古人就是以此变化来确定适合中国人使用的节气的名称。为了方便记忆,人们把二十四节气编成歌诀:

春雨惊春清谷天,夏满芒夏暑相连。

秋处露秋寒霜降,冬雪雪冬小大寒。

每月两节不变更,最多相差一两天。

上半年来六廿一,下半年是八廿三。

二十四节气的制定,综合了天文学和气象学以及农作物生长特点等多方面知识,比较准确地反映了一年中的自然特征。人们在农业生产中灵活运用二十四节气,反映了人们对自然条件和农业生产关系的深刻理解。时至今日,我们仍然应重视与二十四节气相关的农谚的收集、整理,"去伪存真",并在科学的基础上,不断地总结、提高和发展,使它更好地为现代农业生产服务。

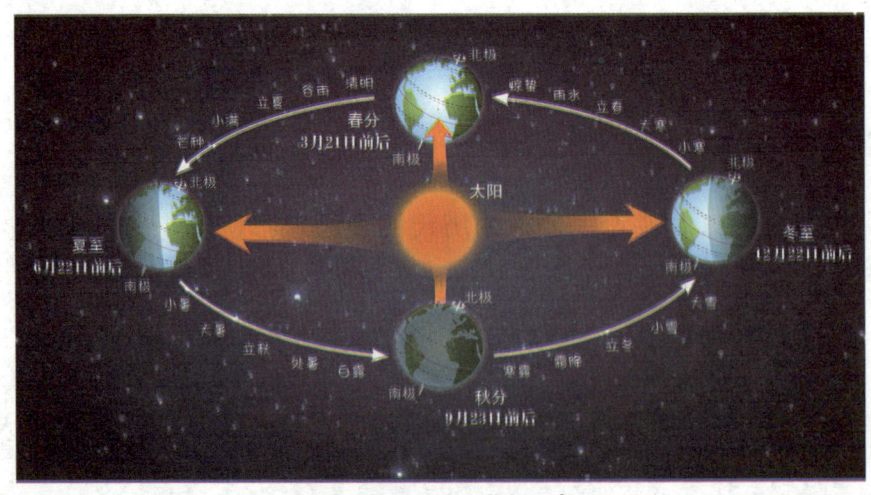

⊕ 地球公转及二十四节气示意图

二十四节气的寓意

二十四节气反映了一年四季的变化,可以指导人们从事农事活动,影响着千家万户的衣食住行。

立春:立是开始的意思,立春就是春季的开始。

雨水:降雨开始,雨量渐增。

惊蛰:春雷乍动,惊醒了蛰伏在土中冬眠的动物。

春分:分是平分的意思。春分表示昼夜平分。

清明:天气清朗,草木茂盛。

谷雨:雨生百谷。雨量充足而及时,谷类作物能茁壮成长。

立夏:夏季的开始。

小满:麦类等夏熟作物籽粒开始饱满。

芒种:麦类等有芒作物成熟。

夏至:炎热的夏天来临。

小暑:气候开始炎热。

大暑:一年中最热的时候。

立秋:秋季的开始。

处暑:炎热的夏天结束。

白露:天气转凉,露凝而白。

秋分:昼夜平分。

寒露:露水已寒,将要结冰。

霜降:天气渐冷,开始有霜。

立冬:冬季的开始。

小雪:开始下雪。

大雪:降雪量增多,地面可能积雪。

冬至:寒冷的冬天来临。

小寒:气候开始寒冷。

大寒:一年中最冷的时候。

在中国农业发展过程中出现了一系列农业科学专著,其中最有名的是《氾胜之书》《齐民要术》《王祯农书》《农政全书》,并称中国古代四大农书,代表了中国古代农学的光辉成就。

《氾胜之书》是后世的通称,是中国残存最古的一部农书。作者氾胜之是今山东省曹县人,他总结了西汉晚期我国北方的农业技术,参阅有关古书写成此书。书中第一次提出了麦子、谷子的穗选法,还记载了稻田调剂水温法、葫芦嫁接法和桑苗截干法……突出反映了当时农业技术的进步。书中还从农业的整体观念出发,首次把农业生产中的几个重要环节有机地联系起来,正确地反映了农作物从耕种到收获整个过程的规律,堪称我国古代农业史上的一部杰作。

北魏时的贾思勰所著的《齐民要术》,系统总结了6世纪以前黄河流域的农业生产经验,阐述了古代因地制宜、因时制宜的农学思想,根据北方农业生产的特点,提出了一系列精耕细作的方法,是中国历史上最重要的农学著作之一。该书涉及谷物、蔬菜、瓜果、林木的栽培,家畜、家禽、鱼类的饲养,主副食的加工制造等多个方面,是一部包括农、林、牧、副、渔的农业科学著作。《齐民要术》具有极高的科学价值,书中记载的许多生产经验和技术比世界其他地区的记载要早三四百年,有的甚至早了一千多年。此书曾被译成多种语言,国际影响广泛,英国生物学家达尔文把《齐民要术》称作"中国古代的百科全书"。

《王祯农书》是元代王祯所著,完成于1313年,全书分《农桑通诀》《百谷谱》和《农器图谱》三大部分。《农桑通诀》是农学总论,概述我国的农业发展史,介绍了耕垦、播种、施肥、灌溉、畜牧、养蚕等具体方法。王祯强调农业生产要因时而异,因地制宜。一年四季,要根据不同的时令来耕种不同的农作物,土壤、气候的不同也会影响农作物的生长。《百谷谱》是分论各种作物栽培的,其中包括谷属、蔬属、果属、竹木、杂类等内容。将农具列为综合性农书的重要组成部分是《王祯农书》的一大特点，在《农器图谱》中详细记载了农业生产和手工业生产的工具。《王祯农书》是我国现存农书中第一部兼论南北方农业生产经验的著作，书中所体现出的农学思想，在当时具有突破性，对今天仍有借鉴意义。

《农政全书》是明朝末年徐光启所著，全书分农本、田制、农事、水利、农器、树艺、蚕桑、蚕桑广类、种植、牧养、制造、荒政共十二门。书中大部分篇幅摘自我国古代农书和当时的文献，徐光启在对这些文献进行选择、整理的同时，还将自己的体会、观点融入其中，扩大了知识的范围。正如陈子龙所说，《农政全书》是"杂采众家"又"兼出独见"的著作。《农政全书》问世之后，曾多次被刻印。

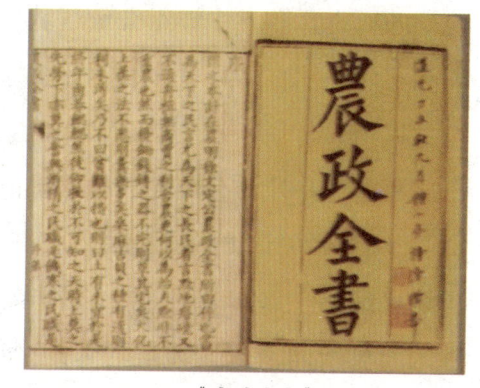

⊕《农政全书》

包罗万象的地理

早在原始社会，人们就通过认识地形、岩石等地理要素而积累了很多地理知识，从魏晋时期就已经成熟的制图理论"制图六体"到僧一行的子午线实测，从郑和下西洋到徐霞客的地理考察等，都可展现中国古代地理学所取得的卓越成就。

《禹贡》是《尚书》中的一篇，是富于科学性的地理著作，被认为是古今地理志的始祖。《禹贡》全篇共一千二百字左右，由《九州》《导山》《导水》《五服》四部分组成。《九州》主要依据名山大川和海洋的自然界限，分全国为冀、兖、青、徐、扬、荆、豫、梁、雍九州，每州记述山川、湖泽、土壤、植被、田赋、特产和运输路线等，并进行对比，是中国早期区域地理著作。《导山》记述了二十余座山岳，并归纳成几条自西向东的脉络。《导水》记述了九条河流，是中国早期的水系著作。《五服》反映了作者大一统的思想。《禹贡》对后世影响很大，如《汉书·地理志》《水经注》及唐代以后的许多地理专著，都以《禹贡》为论述根据。

《水经注》是中国古代一部综合性的地理著作，共40卷，作者是北魏晚期的郦道元。书中详细介绍了我国境内一千二百多条河流、五百多处湖泊和沼泽、三百多处井泉、六十多个瀑布等，以及相关的郡县、城市、物产、风俗、传说、历史等。《水经注》虽是对《水经》所作之注，实际上自成一著，并且具有较高的科学价值。

《大唐西域记》由唐代高僧玄奘口述，弟子辩机编写。这本书记述了玄奘亲身游历西域的所见所闻，包括涉足的百余个国家和城邦，还记录了许多不同地域人们的生活方式，以及建筑、婚姻、丧葬、音乐和舞蹈等内容，反映了唐朝时西域和南亚诸国的风土民俗，是研究印度、巴基斯坦、孟加拉国、斯里兰卡等国家古代历史地理的重要文献。

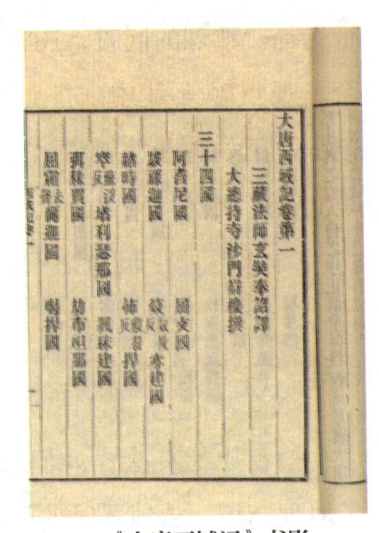
⊕《大唐西域记》书影

晚清时期，魏源受林则徐委托，潜心编著《海国图志》。魏源以不足九万字的《四洲志》为基础，广泛搜集资料，写成一百卷的《海国图志》。全书详细介绍了世界地理历史知识和各国政制、风土人情，主张学习西方的科学技术，提出"师夷之长技以制夷"的重要思想。无论从政治影响还是学术成就来看，《海国图志》都是一部具有划时代意义的巨著。

精密推演的数学

古代数学起源于人类早期的生产活动。在中国古代，一直把数学叫算术,又称算学,直到近代,随着数学概念在中国出现,才改称为数学。中国古代的数学家们在数的概念、计算、测量和数学规律的发现上,殚精竭虑,百折不回,取得了辉煌的成就。

《周髀算经》是算经十书之一,是我国现存最早的数学著作,同时也是一部天文学著作,大约成书于西汉时期。《周髀算经》记录了周初讨论的"勾股定理",并且将它运用到计算太阳高度中。

在外国,勾股定理又被称为"毕达哥拉斯定理"或者"百牛定理"(毕达哥拉斯发现并证明了这个定理后,即斩了百头牛作庆祝,因此又称"百牛定理")。我国算得勾股定理的时间比古希腊数学家毕达哥拉斯早好几个世纪。

⊕《周髀算经》

周公问商高:"我听说您对数学十分精通,请问天没有梯子登不上去,地也无法用尺子来丈量,那么怎样才能得出关于天地的数据呢?"

商高回答说:"数的学问是从圆形和方形开始的。其中有一条原理,一个矩形沿对角线切开,如果宽等于3,长等于4,那对角线一定等于5。"

珠算是以算盘为工具进行数字计算的一种方法,传说是东汉天文学家和数学家刘洪发明的。刘洪也因此被后世尊为"算圣"。

算盘的发明,大大提高了计算的效率,为当时的日常生活、商业往来提供了极大的便利,被誉为中国的"第五大发明"。

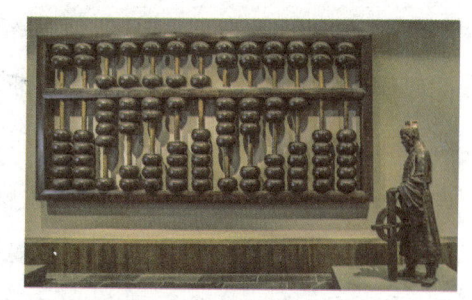
⊕ 算盘

祖冲之（429—500年），南北朝时期杰出的数学家、天文学家，不但精通天文、历法，在数学方面的成就更是超越前代，他在数学上的巨大贡献是对圆周率的精确计算。他利用刘徽的割圆术，经过刻苦钻研，反复演算，把圆周率推算到更加精确的程度，即在 3.141 592 6 与 3.141 592 7 之间。

⊕祖冲之像

这个计算结果把圆周率精确到了小数点后 7 位，在当时乃至于以后的 1 000 多年中都是最先进的。直到 15 世纪，阿拉伯数学家阿尔·卡西才把圆周率向更为精确的数值推进了一步。为此，国际上有些数学家建议将祖冲之提出的圆周率称为"祖率"，以纪念祖冲之。国际天文学家联合会还把月球背面的一座环形山命名为"祖冲之环形山"，以纪念这位享有国际盛誉的数学家。

源远流长的医学

我国传统医学源远流长，良医辈出，典籍浩繁。我国的传统医学是中华民族智慧宝库中独树一帜的学问，是享誉世界的瑰宝。

春秋战国时期，有一位名叫秦越人的医生，他的医术十分高明，医治好了许多疑难杂症。因传说黄帝时期有个神医叫扁鹊，因此老百姓就称呼秦越人为扁鹊。这个称号渐渐流传，逐渐替代了他的真名。有一次，晋大夫赵简子得了重病，五天不省人事，家人心急如焚，请来扁鹊诊治。扁鹊通过切脉，断定是血脉不通畅。经过三天治疗，赵简子转危为安，很快恢复了健康。准确地用切脉来诊病的方法是扁鹊的独创，中医上称为脉诊或切诊。此外，我们熟悉的《扁鹊见蔡桓公》一文中，扁鹊通过观察蔡桓公的气色诊断病情的方法，在中医中被称为望诊。切诊和望诊是"四诊"的一部分。"四诊"是指望、闻、问、切四种诊断病情的方法，它是扁鹊在总结前人医学经验的基础上，进行大量的医学实践后提出的诊病方法。他认为，只有综合运用"四诊"，才能全面了解病情，归纳出病因，作出正确的诊断。扁鹊的"四诊"奠定了我国传统医学诊断法的基础，在诊断、病理、治法上为我国传统医学的发展作出了卓越的贡献，产生了深远的影响。至今，"四诊"仍然是中医分析、判断、掌握病情的重要方法。

我国古代除了在中医技术方面成绩斐然外，在医药学著作方面也有不小的成就。战国时问世、西汉时编定的《黄帝内经》原称《内经》，相传为黄帝所作，因以为名。但实际上这部书并非由一人编就，而是经过长期医疗经验的积累，由许多人编写而成的。本书重点论述了人体解剖、生理、病理、病因、诊断等基础理论，而且还涉及一些天文、生物、地理、心理等多方面的内容，为中医学理论体系的形成奠定了基础，被称为"医之始祖"。

东汉末年，朝政不安、兵祸连年，张仲景目睹百姓饱受战乱之灾和疫病之苦，萌发了学医救民的愿望。他拜师学艺，研读医书，提出了"六经论伤寒"的新见解。他广泛搜集古今治病的有效方药，并在广泛观察、实践的基础上写出了《伤寒杂病论》这部著名的医书，书中记载了300多个处方，被后世医家誉为"众方之祖"和"经方"。

明朝的医药学家李时珍，在研读中国古代医学著作、亲自验证药物药性的基础上，历时27年，写成了药学巨著《本草纲目》。《本草纲目》记载了药物1 800多种，收录药方10 000多个，有图解、有注释，考订详细，全面总结了16世纪以前中国医药学的经验和成就。17世纪初，《本草纲目》传入日本和朝鲜，以后又陆续被翻译成多种文字。

享誉世界的四大发明

我国作为一个辉煌灿烂的文明古国,从古至今拥有许多令人惊叹的发明创造,其中影响最大的要数举世闻名的四大发明——造纸术、印刷术、火药和指南针。四大发明是我国古代劳动人民智慧的结晶,它们经由各种途径传至世界各地,对世界文明发展也产生了很大的影响。

书写智慧的造纸术

在文字尚未产生的中国,人们主要采用结绳、刻记号等方式来记事。随着文字的出现,人们开始在龟壳、动物的骨头和青铜器上刻字来记事,这就是现在所看到的甲骨文和金文。到了春秋战国时期,人们用竹片和木片替代龟甲和兽骨,称为竹简和木牍。但甲骨和简牍都很笨重,难以携带。后来宫廷贵族逐渐开始流行在帛上写字。帛是一种白色丝织品,柔软轻便,幅面宽广,便于画图或书写,但价格昂贵,所以不能推广应用。

我国是世界上最早养蚕缫丝的国家,古代人民用上等蚕茧抽丝织绸,而剩下的恶茧、病茧等则用漂絮法来制取丝绵。漂絮完毕,篾席上就会遗留一些残絮,逐渐累积成一层薄薄的纤维,经晾干之后剥离下来,就可以用来书写了。这种漂絮的副产品数量不多,古书上称为"方絮",这就是纸的雏形。

⊕竹简

考古学家发现,在两千多年前的西汉时期,人们已经懂得了用麻来造纸,但麻纸工艺简陋,质地粗糙,不便书写。到东汉时期,蔡伦(约62—121年)在前人经验的基础上,对造纸术进行了大胆的改革和创新。他带领工匠们用麻、破布、破渔网等原料来造纸。他们先把树皮、麻头、破布、破渔网等东西剪碎或切断,放在水里浸渍一段时间,再捣烂成浆状物,还可能经过蒸煮,然后在席子上摊成薄片,放在太阳底下晒干,这样就变成纸了。用这种方法造出来的纸,体轻质薄,很适合写字,因而受到人们欢迎,经蔡伦改进的造纸方法得以广泛推广,蔡伦因此被封为龙亭侯,人们便把这种纸称为"蔡侯纸"。

⊕ **蔡伦像**

①切麻　②洗涤

③浸灰水

④蒸煮　⑤舂捣

⑥打浆

⊕ 汉代造纸工艺流程图

纸作为一种新的信息载体在中国率先出现，使中国汉代的文明勃兴超过了其他的文明。纸的推广应用，使汉以后的文化生活出现了崭新的面貌，抄经热、藏书热和因传抄左思的《三都赋》而出现的"洛阳纸贵"，都是纸普及后出现的前所未有的盛况。大约4世纪末，百济（朝鲜半岛古国）在中国人的帮助下学会了造纸；西晋时，越南人也掌握了造纸技术；610年，造纸术传至日本。此外，中国的造纸术也传播到了中亚的一些国家，并从此通过贸易传播到了印度；8世纪，造纸术传入阿拉伯；10世纪，造纸术传到了叙利亚的大马士革、埃及的开罗等地；到了17世纪，欧洲各主要国家都有了自己的造纸业。至19世纪，中国的造纸术基本已传遍世界各国。

造纸术的发明和推广，对于世界科学、文化的传播起到了巨大的推动作用，对于社会的进步和发展产生了深远的影响。

指引方向的指南针

指南针也叫罗盘针，是我国古人利用磁石制成的，磁石通常被称为"吸铁石"。人类居住的地球本身就是一个大磁体，地球的两个磁极分别在接近地理南极和地理北极的地方。当地球上的其他磁体自由转动时，就会因磁体同极相斥、异极相吸的性质指示南北。古代劳动人民虽然没有总结出这一原理，但已发现这一类现象，并进一步加以利用。

早在战国时期，人们就已经发现了天然磁石吸铁和指示南北的现象。人们利用这一特性，制成了指南工具——司南。它由一把"勺子"和一个"地盘"组成。地盘是青铜做成的，内圆外方，中心圆面被打磨得非常光滑，以保证勺子指示方向的准确性，四周刻着格线和表示二十四个方位的文字。地盘中心的勺子是用整块的天然磁铁磨成的，磁铁指南的一端被磨成勺子的长柄，勺头底部是半球面，非常光滑。使用时先把地盘放平，再把勺子放在地盘中间，用手拨动勺柄，使它转动，等到勺子停下来，勺柄所指方向就是南方。

⊕司南

司南的出现是人们对磁体指南性认识的实际应用，但由于司南在磨制和指向精度上都受到较多的限制，而且司南有一定的体积和重量，所以携带很不方便，这些不足使司南不能广泛普及。到了北宋后期，人们发现钢铁在磁石上磨过之后也会带上磁性，而且比较稳定，于是出现了人造磁铁，并进一步促成了"指南鱼"的发明，这把指南仪器的水平又向前推进了一大步。指南鱼发明不久后，人们把钢针放在磁铁上磨，使钢针具有了磁性，在此基础上制成了指南针，并一直沿用至今。

指南针的出现为航海业的发展提供了有利条件，为人类在大海上的航行指引提供了新的工具，从而避免了大量海难事故，推动了人类航海活动发展。宋元时期中国航海活动繁盛，明初郑和七次下西洋的航海壮举，都得益于指南针的发明与使用。

指南针传到阿拉伯和欧洲国家后，逐渐普及开来，对欧洲的航海事业产生了推动作用。以前，欧洲人没有指南针，将大海视为畏途，只能使用航海星盘，中国发明的指南针传到欧洲以后，随着航海工具的一系列改进，哥伦布才敢于向大海挺进，去寻找传说中文明富庶的东方，意外发现了美洲新大陆；麦哲伦才能横跨大西洋、太平洋和印度洋，完成人类历史上首次环球航行的壮举。可以说，指南针的传入，航海工具的改进，促成了西方一连串的海外探险，新航线、新大陆逐一被发现，从而改变了欧洲发展的进程，进而改变了世界发展的格局。英国著名的科技史专家李约瑟评价说，指南针在航海中的应用是"航海技艺方面的巨大改革"，它把"原始航海时代推进到终点，预示了计量航海时代的来临"。

文明史上的花火——火药

火药是由古代炼丹家最早发现的。从战国时起，帝王贵族们便沉迷于长生不老和得道成仙的幻想中，为此驱使一些方士与术士开始炼"仙丹"。炼丹家偶然间将硝石、硫黄和木炭这三种材料投入丹炉炼制，不料却意外起火爆炸。东晋炼丹家葛洪的名著《抱朴子》，就是有关火药制作的最早历史文献。

由于火药的发明来自制丹配药的过程，所以火药发明之后曾被当作药类。《本草纲目》中就提到火药能治疮癣、杀虫、避湿气和瘟疫。因为火药不能解决长生不老的问题，又容易着火，所以炼丹家对它并不感兴趣。但当炼丹的配方由炼丹家转到军事家的手里，就成了中国古代四大发明之一的黑火药。

火药被引入军事，以其为主要原料的武器是具有巨大威力的新型武器，引起了战略、战术、军事科技的重大变革。我国最早的关于应用火药的记载是在唐昭宗天佑元年（904年），当时地方割据势力互相攻伐，使用"飞火"。所谓"飞火"就是在箭杆上绑一个火药团点着引信，用弓发射出去火烧敌军。

最初的火药武器主要是利用火药的燃烧性能，随着火药武器的发展，逐步过渡到利用火药的爆炸性能。到了北宋末年，人们创造了"霹雳炮""震天雷"等爆炸性较强的武器。后来又陆续发明了火枪、火铳等火药武器。

明朝时期人们对各种火药武器都进行了相当多的改造，发明了多种"多发火箭"，明朝的军事科技达到了世界先进水平。火药武器的发展，使人们产生了利用火箭的推力飞上天空的想法。相传明朝人万户曾坐

⊕明代景泰铜火铳

在装有火箭的椅子上，试图借助火箭的推力实现飞行的梦想。尽管这是一次失败的尝试，但也反映了中国古代劳动人民为实现美好想法所作出的努力，为了纪念利用火箭飞行的第一人，国家天文学联合会将月球上的一座环形山以万户的名字命名。

火药的制造方法由商人经印度传入阿拉伯国家，又从阿拉伯国家传到了欧洲各国，这一点和造纸术的传播是一样的。火药和火药武器传入欧洲，不仅对作战方法本身，而且对统治阶级和被统治阶级关系变化起到了推动的作用，也极大地推进了世界历史的发展进程。

火药是什么时候被应用于制造烟花和鞭炮的呢？这一点历史上没有记载。但是，传说中有唐朝李畋发明花炮的故事。唐朝《异闻录》记载，李畋居住在山里，他的邻居仲叟一家常被山中的山魈（一种体型高大的灵长类动物）所惊扰。李畋让他们用竹节装上火药扔到火中，发生巨大的爆炸。爆炸声和火光吓跑了山魈。一夜之后，仲叟一家安然无恙。李畋被后人尊称为"爆竹祖师"。

传播文明的印刷术

自从汉朝发明纸以后，书写变得经济方便多了，但是文化传播仍然没能实现跨越式发展，主要是因为抄写书籍仍然非常费工，远远不能适应社会的需要。大约东汉末年的时候，出现了摹印和拓印石碑的方法，现在流传的古代著名书法家的作品，大都是用这种方法保存和流传下来的。摹印和拓印石碑可以说是印刷术的鼻祖。

隋唐时期，人们发明了雕版印刷术。雕版印刷是以木材为原料，先将书稿抄写在薄纸上，然后将抄写面与木板相贴，字迹从纸的背面透出来，就成了反体；接着，把这些反体的字刻在木板上，再给木板涂上墨，印在纸上，雕版印刷品就诞生了。雕版印刷对文化的传播起到重大的推动作用，但是也存在明显的缺点：第一，刻版费时费工费料；第二，大批书版存放不便；第三，有错字时不容易更正。

⊕ 毕昇像

北宋平民毕昇（？—约1051年）总结了前代雕版印刷的实践经验，发明了活字印刷术。毕昇用胶泥做成规格一致的毛坯，并刻上反体单字，再用火烧硬，成为单个的胶泥活字。为了适应排版的需要，一般常用字都备有几个甚至几十个，以备同一版内重复出现的时候使用。遇到不常用的字，如果事前没有准备，还可以随制随用。

活字排版，既节省费用，又大大缩短了时间，十分方便。活字印刷的出现是印

⊕ 活字印刷

刷史上一项重大的革命。元代王祯又将胶泥活字改为木活字，并发明了转轮排字法。此后还出现了锡、铜、铅等金属材料制成的活字。

中国是印刷技术的发明地，很多国家的印刷技术或是由中国传入，或是由于受到中国的影响而发展起来的。日本是在中国之后最早发展印刷技术的国家，8世纪，日本就可以用雕版印刷佛经了。朝鲜半岛的雕版印刷技术也是由中国传入的，高丽（朝鲜半岛古代国家之一）穆宗时就开始采用雕版印刷技术印刷经书了。13世纪中期，活字印刷术传入朝鲜半岛，以后又传入欧洲。15世纪中叶，德国的古登堡受中国活字印刷的影响，用合金制成了拼音文字的活字，用来印刷书籍。

印刷技术传入欧洲，加速了欧洲社会发展的进程，它为文艺复兴的出现提供了条件。马克思称印刷术、火药、指南针的应用是"资产阶级发展的必要前提"。中国的印刷术为现代社会的建立提供了必要前提。

中国古代的四大发明，在人类科学文化史上留下了灿烂的一页，这些伟大的发明影响并造福于全人类，有力地推动了世界历史的发展进程。

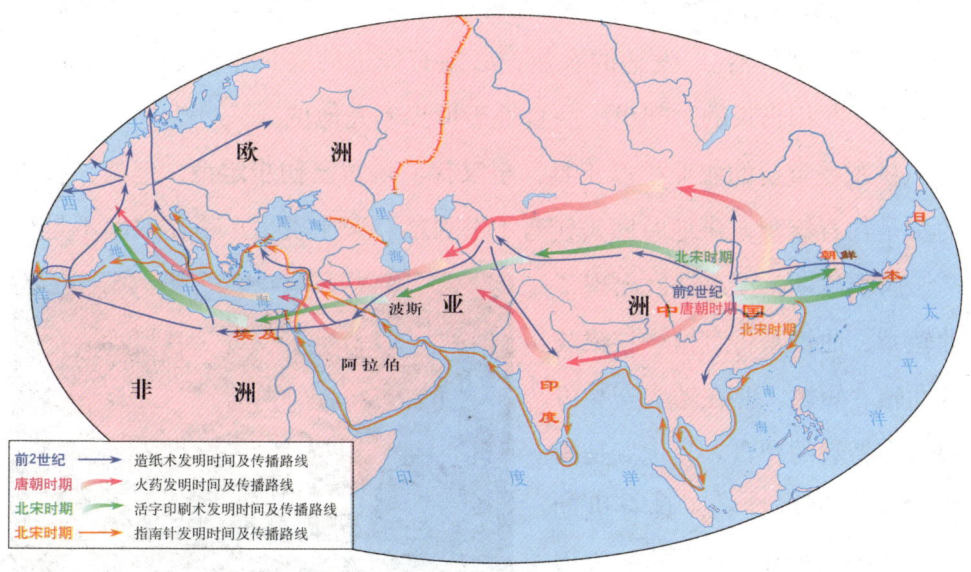

⊕ 中国古代四大发明传播示意图

硕果累累的其他科技成就

中华民族是富于创造力的伟大民族，在长期的历史发展中，中国古代的科学技术成就是极其光辉灿烂的，在一个相当长的时期中一直居于世界领先的地位。除了闻名世界的"四大发明"之外，中国在农耕技术、金属冶炼、机械制造等方面都取得了丰硕的成就，这些与人们的生产生活密切相关的领域所取得的成就，极大地推动了中国古代生产力和社会生活的进展。

农业科技

在中国古代科技体系中，农业科技占据了大多数。古语云："工欲善其事，必先利其器。"发达的农业，必须有先进的农具作保证。中国古代的农具，在相当长的时间里，一直处于世界领先地位。

耕犁是重要的农业生产工具，至汉代，耕犁已初步定型，但是，汉代的犁是长直辕犁，耕地时回头转弯不够灵活，起土费力，耕作效率不是很高。唐朝后期，江东地区出现了曲辕犁，曲辕犁将直辕、长辕改为曲辕、短辕，并在辕头安装可以自由转动的犁盘。其优点是操作时犁身可以摆动，具有机动性，便于调头和转弯，节省人力和畜力。曲辕犁的出现在中国农

⊕ 曲辕犁

具史上具有非常重大的意义，标志着中国耕作农具的成熟。曲辕犁是中国古代劳动人民智慧的结晶，为中国古代农业的发展和世界农业生产技术的提升作出了重大贡献。在当代农具设计中，曲辕犁仍具有较强的借鉴意义。

除了农业生产工具以外，我国古代还一直很重视农业灌溉工具的发展。翻车又名龙骨水车，是一种可以连续提水的刮板式灌溉机械，使用起来非常方便。大约在东汉时期，翻车就被应用在了农田方面。据《后汉书》记载，翻车由毕岚创制。三国时期，马钧对其进行了完善。翻车有手摇、牛转、水转和风转等多种驱动方式。龙骨叶板放在矩形长槽中，起到链条的作用，车身倾斜放置在水边，下链轮和车身的一部分伸入水里。把链轮驱动起来，叶板就能把水沿长槽运到翻车的上端，并从上端流出，从而持续不断地把低处的水送到高处，大大提高了提水的效率。翻车操作起来比较方便，又易于搬运，灌溉、排涝皆可使用。这种翻车是当时世界上最先进的生产工具之一，一直被中国乡村所沿用，在实现电动机械提水以前，一直发挥着巨大的作用。

⊕龙骨水车

水利工程

几千年来，水利工程为人们的灌溉、排涝、抗旱、航运等作出了巨大贡献，我国古代有不少闻名世界的水利工程，有些至今仍在造福人类。这些水利工程可分为运河、堰、堤防等不同种类。

都江堰水利工程位于四川省都江堰市境内的岷江，系战国末期秦昭王时蜀郡守李冰主持兴建。它以不破坏自然环境、充分利用自然资源为前提，变害为利，使人、地、水三者高度和谐统一，是中国水利事业的里程碑。

岷江发源于岷山，江水从高山一泻而下，夹带着泥沙流入成都平原，夏季降雨量大，兼以岷山冰雪消融，故经常泛滥成灾；雨水不足时，又会造成干旱。李冰父子带领民众，在岷江河床中修筑了"鱼嘴"分水堤，把江水分为内外二江；把岷江左岸的玉垒山凿通，称为"宝瓶口"。在此二者之间则采用"笼石作堤"之法垒成"飞沙堰"。其高度恰好是在洪水季节江水漫顶而过，枯水季节则露出水面。有此三项措施，就可有效地控制水量：当江水水位低时，内江之水通过宝瓶口流入灌渠，保证了灌溉的需要；在洪水期，内江之水受宝瓶口约束，不能超量进入灌渠，致使水位上升，漫过飞沙堰重新流入外江。因水流改变方向而产生漩涡，同时将内江的淤沙携带而去，从而使灌渠免遭淤积。这一水利工程发挥了分洪减灾、引水灌溉等多种作用。

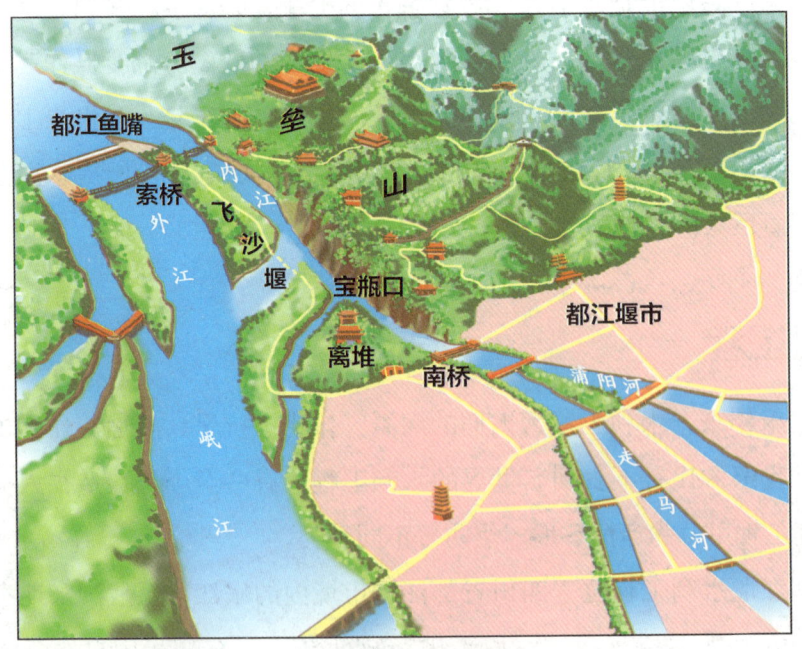

⊕ 都江堰水利工程示意图

都江堰至今仍在发挥着作用。因为都江堰距成都的青城山较近，两者一起作为文化遗产被列入《世界遗产名录》。2008年，四川省阿坝州汶川县发生了里氏8.0级的强烈地震。都江堰水利工程地处汶川大地震的中心地带，受到严重的威胁。但令人称奇的是，都江堰除了附属建筑遭到了一定程度的损坏外，主体工程仍然完好无损。

京杭运河是中国古代劳动人民创造的另一项伟大工程，与万里长城并称为我国古代最伟大的工程。自开凿到现在已有两千多年的历史，是世界上最古老的运河之一。大运河北起北京，南达杭州，贯穿海河、黄河、淮河、长江、钱塘江五大水系，全长1 700多千米，是世界上开凿最早、规模最大、航线最长的人工运河。

京杭运河最早的一段，是春秋末期吴国开凿的用来沟通长江和淮河的"邗沟"。隋朝时，隋炀帝为了运输物资和巩固统治，先后开凿了通济渠、永济渠、江南运河，又修复了原来的邗沟，并将这几段运河连接起来，形成隋朝大运河。不过，隋朝大运河的走向与现代不同，它是以隋朝的东都洛阳为中心，向东北和东南伸展的。元代建都北京以后，要从江浙运粮到北京，为了缩短航道，避免西绕洛阳，就截弯取直，大致确定了现在的京杭运河线路。

⊕ 京杭运河

京杭运河在一定程度上弥补了我国东部没有南北水路的缺陷,为畅通南北物资交流发挥了巨大的作用,在京广铁路建成前的1 000多年中,京杭运河一直是南北水路运输的大动脉。

京杭运河显示了中国古代水利航运工程技术领先于世界的卓越成就,积淀了深厚悠久的文化底蕴,孕育了一座座璀璨明珠般的名城古镇,留下了丰富的历史文化遗迹,促进了中国政治、经济、文化、社会诸多领域的发展,特别是对沿线地区工农业经济的发展和城镇的兴起发挥了巨大作用。

桥梁工程

桥梁建筑是我国古代建筑工程的组成部分。中国古桥已有数千年的历史,从古文献记载中,早期桥梁,构造是比较简单的,只是利用木石等天然材料,用原始的工具,搭架简易桥梁。东汉(25—220年)是我国建筑史上的一个灿烂发展时期。人造建筑材料的发明,砖石拱结构的创新,由木桥演进为石桥,在我国的桥梁建造发展史上是一个里程碑。

⊕赵州桥

除建造石梁石柱桥外，从考古发掘可知，在汉代的一个画像砖上，即有拱桥。其后历代相传，造拱桥的技术逐步发展，出现各种"拱圈"形式，如半圆形、弧形、尖弧形等。

石拱桥的出现使我国古代桥梁建造进入了一个新纪元，而这个新纪元的代表首推的是在1 400多年前建成的赵州桥。建于隋朝的赵州桥是一座单孔坦弧敞肩石拱桥，主桥孔净跨度为37.20米，拱高7.23米，是一座圆弧形石拱桥。全桥长64.40米，桥面宽约10米，拱圈由28条并列的拱券组成，为减轻桥梁自重，大拱之上，两侧各伏有两个小拱。赵州桥结构独特，造型上既稳重又轻巧，有人赞叹其："千古绝构历沧桑，一孔胜迹壮山河。"

厚墩联拱石拱桥的出现略晚于空腹式石拱桥。从技术结构上讲，厚墩联拱是单拱的集合体，每拱单独受力，一拱受力或受损，不及其他。墩台粗大厚重，承重能力很强，特别适合北方以车为主要交通工具的地区。此外，这种桥还具有较强的抵御洪水冲击的能力，因此在南方山区亦很实用。如北京的卢沟桥、云南的双龙桥等。

北京卢沟桥

造船业

15 世纪初，是中国古代航海活动最辉煌的时期。明代郑和七下西洋，就是世界航海史上的空前壮举，也充分显示了中国古代造船业的兴旺发达。

其实，早在两千多年前的秦汉时期，我国造船业就已经相当发达了。据《汉书·武帝纪》记载，当时建造了一条非常高大壮观的楼船，名叫"豫章号"，船上有豪华的宫室，可以乘载万人。这个数字可能夸张了，但也说明了当时造船技术和造船规模已经相当可观。

自唐宋到明代中叶的近一千年的时间里，随着社会经济和科学技术的发展，造船业也相应出现了长时期蓬勃发展的局面，中国古代制造的远洋船久为世界各国所称道。

中国古船类型繁多，据中华人民共和国成立初期估计仍有千余种，仅海洋渔船就有二三百种。沙船、乌船、福船、广船是我国的四大名船，其中尤以沙船和福船驰名中外，郑和船队七下西洋所乘坐的五六十艘宝船，实际上就是沙船。

⊕沙船模型

此外，中国古船在船体结构和动力方面，在世界造船、航运史上也创造了不少辉煌的纪录。如早在宋代，船工们为了提高海船的抗沉性，在造船时已经普遍运用水密隔舱技术了，这样即使有一两个舱漏水，也不至于全船沉没。欧洲直到 18 世纪才出现水密隔舱的船舶。

青铜冶铸业

夏、商、西周时期是中国王朝产生和发展的重要阶段,创造了灿烂的文明,青铜器是这一时期的重要标志。

青铜是金属冶铸史上最早的合金,是在纯铜中加入锡或铅,又被称为"锡青铜"。中国古代青铜器铸造主要分为采冶与铸造两个大的工艺过程。采冶是将铜矿石、锡矿石分别冶炼,铸造是把铜和锡按不同比例炼制成青铜锭。在湖北大冶铜绿山、湖南麻阳九曲湾、内蒙古赤峰林西、江西瑞昌铜岭及安徽南陵、铜陵等地都发现了古代采冶铜矿遗址。

商代早期,人们已能炼制铜锡合金的青铜,到了商代后期,青铜冶铸业臻于鼎盛,人们能熟练地使用多种分铸法,铸型工艺也趋于规范化。大型铸件用竖炉熔铜,由槽道浇注,当时的工匠已准确地掌握了铜、锡、铅的比例,用来制造不同用途的器具。铸造技术采用"泥范铸造法",包括制模、雕刻纹饰、翻制泥范、高温焙烧、浇注液态金属、加工修整等工序。《考工记》一书分别记载了六种青铜器物中不同合金成分的比例,称之为"六齐",这六种不同合金的比例为:"钟鼎之齐六分其金而锡居一;斧斤之齐五分其金而锡居一;戈戟之齐四分其金而锡居一;大刃之齐三分其金而锡居一;削杀矢之齐五分其金

⊕后母戊鼎

而锡居二;鉴燧之齐金锡半。""六齐"体现了古人对青铜器硬度和韧度的双重追求。商代出土的青铜器以后母戊鼎最为著名,是迄今世界上出土的最重的青铜器。据估计,铸造后母戊鼎至少需要 1 000 千克以上的原料,且要在很多工匠的密切配合下才能完成。

西周时期，陶范铸造得到进一步推广，出现了新的器形、纹饰，形成了独特的风格，如有些青铜器内铸有长篇的铭文。春秋中期以后，青铜铸造的技术进步突出表现在超薄壁铸件的铸造。随着失蜡法和低熔点合金铸焊技术的发明，青铜器铸造工艺有了显著的改进，从先前较为单一的范铸技术转变为浑铸、分铸、蜡铸等多种金属工艺的综合运用。如1965年，出土于湖北江陵望山一号楚墓中的越王勾践剑，被誉为"天下第一剑"，该剑采用了先进的复合金属铸造工艺。其工艺过程大致是先浇铸含铜量高的剑脊，然后再浇铸含锡量高的剑刃。剑脊含铜较多，能使青铜剑韧性良好，不易折断；而刃部含锡量高，硬度大，则会使青铜剑更为锋利。此外，它还采用一种特殊而精湛的表面合金化技术，使得青铜剑表面既产生装饰效果，又具有防腐蚀的功能，使其穿越两千年的历史长河，依旧寒光闪闪、锋利无比。

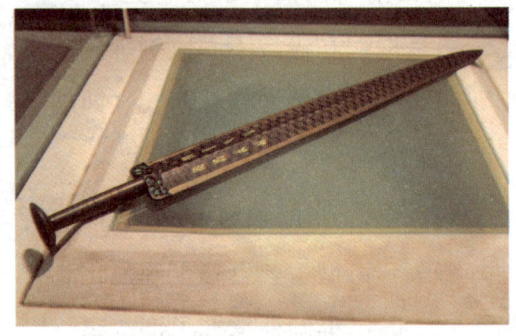
⊕越王勾践剑

秦汉时期，由于铁器逐渐占据了主导地位，青铜器逐渐淡出历史舞台。

桑蚕丝织技艺

中国是世界上最早植桑、养蚕并进行缫丝的国家，传统桑蚕丝织生产手工技艺和民俗活动至今仍保存在浙江省北部和江苏省南部的太湖流域以及四川省的成都等地区。中国桑蚕丝织的历史可以追溯到五千多年以前的新石器时代，并传承至今。在漫长的历史长河中，丝绸逐渐融入了人们的生活，辉煌的丝绸之路成为文化与贸易交流的通道，而以丝绸为中心的桑蚕丝织技艺则使中华文明更加绚烂多彩。

桑蚕丝织技艺包括植桑、养蚕、缫丝、染色和丝织等多个过程复杂的生产技艺，具体说来要经过植桑、采桑、养蚕、杀蛹、缫丝、经纬准备、织造、染色、印花、整理等多道工序，最终才能呈现在我们面前。这是一个漫长的生产过程，凝结了无数的采桑女、织女等的汗水、心血与智慧。

远古时期的先民将野桑驯化为家桑，经过长时间的植栽实践，总结了丰富的植桑经验，并培养出多种优秀桑树品种。现在，我国是世界上桑种最多的国家。

在古人眼里，蚕是一种奇特的昆虫，其一生要经过完全不同的四个阶段。卵在适宜的条件下孵化成幼虫，幼虫经过四眠之后吐丝结茧，然后茧里化蛹，10多天后破茧成蛾，雌蚕蛾交配后产下蚕卵。蚕吐丝结茧，需要编织出几万个八字形丝圈，总长度可达千米以上，用蚕丝织成的丝织品是古代人民的伟大发明。

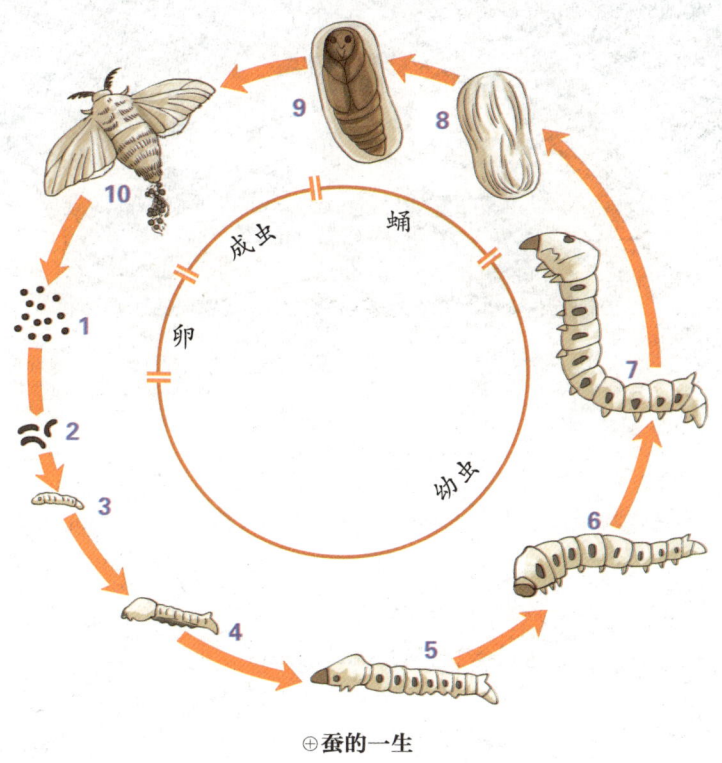

⊕ 蚕的一生

蚕丝由丝胶和丝素两部分组成，丝胶包裹在丝素的外面，是一种溶于水的胶状物，丝素是一种半透明纤维。缫丝就是使丝胶与丝素分离，将蚕丝抽出。传统缫丝技术一般采用煮茧法，早在西周时期就有煮茧缫丝的记载，通过用一定温度的水使蚕茧中的丝胶融化，找到丝素的头绪，就可以进行缫丝了。缫丝的过程包括索绪、理绪和接绪。

丝织物由经线和纬线按一定的组织规律相互交织而成，经线与纬线是由生丝进一步加工而成的。丝织品织造出来后进行印染，印染工序是使丝绸呈现出美丽颜色和花纹的重要工序，正是这道工序使各种丝绸具有了意蕴和灵性的气息。最后一道工序为丝绸的整理，即需要处理丝绸的潮湿、褶皱等问题。

⊕ 缫丝机模型

我国古代科学技术丰富多彩，其中值得称赞的是我国古代的两部综合性科学技术著作：一是北宋沈括的《梦溪笔谈》，一是明代宋应星的《天工开物》。这两部古代科学名著，为研究我国古代科学技术和农业、手工业生产提供了极其珍贵的资料，受到国内外的广泛重视。

专　栏
爱我版图

　　国家版图指一个国家行使主权的疆域。提到国家版图，人们常常会联想到地图，因为地图是表达国家版图最主要的形式。本书用到了许多地图，内容涉及中国的疆域范围及其边界、行政区划等。这些地图象征着国家主权和领土完整，体现了国家主权意志和政治外交立场。

　　为帮助读者树立国家版图意识，并学会规范使用地图，编者在丛书的每一册均设置了"爱我版图"专栏，专门介绍某一方面的国家版图知识。本册专栏介绍了中国的邻国及边界，以及在地图上如何正确表示国界。

中国的邻国及边界

国家皆有其边界。国家的边界并不是自然地存在于一个国家领土和他国领土之间的，而是在长期的人类对生存空间的争夺和社会历史演变中人为划定的。边界是否安定，直接影响相邻国之间的关系，成为影响国家安全和领土完整的重要因素。中国奉行睦邻友好的周边外交政策，坚持"与邻为善，以邻为伴"。我国是世界上陆地边界最长的国家之一，有14个陆上邻国；同时，我国海岸线漫长，在海上与8个国家相邻或相望。

边界与陆上邻国

国家边界也叫"国界""疆界"，是国家行使其主权权利和管辖权的界线，也是保障国家领土完整的最基本条件。

陆地相邻国的边界线上通常有界碑、界桩、界塔、界墙等实际存在的界标，但有的时候则只是一条可以表示在地图上的假想线。

⊕ 界碑

⊕ 界塔

边界划分主要有三类：

一是以山脉、河流等自然要素为依据划分的自然边界。如黑龙江是中国与俄罗斯的界河。

二是以民族、宗教、战争及传统习惯线等因素为依据划分的人文边界。如有一些国家的边界是根据战争结果来划定的。

三是以经线、纬线等几何要素为依据划分的几何边界。如美国本土与加拿大的边界大部分是沿北纬49°划分的，是世界上最长的几何边界。

边界对保卫国家领土、维护国家主权，以及保证国家经济与社会发展不受干扰起着重要作用。边界不是固定不变的，边界的进退导致国家版图的扩张或缩小。

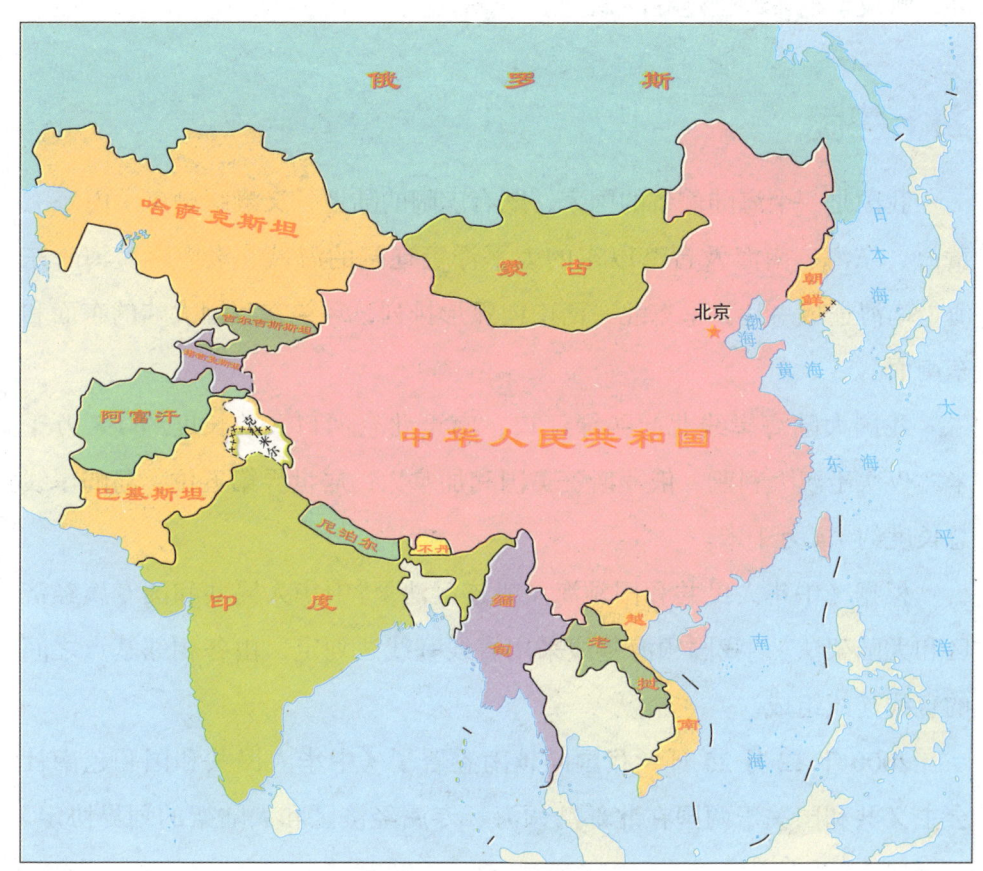

⊕ 与中国陆上相邻国家示意图

邻国之间围绕边界问题经常产生争议，这些边界争议直接关系到国家的领土和主权。因此，妥善解决好边界问题，有利于维护国家的领土完整，并与邻国保持正常的国家关系。

中国陆地边界东起中朝边界的鸭绿江口，沿逆时针绕行，一直到中越边界的北仑河口，总长度约2.2万千米，是世界上最长、边界情况最复杂的陆地边界线之一。

我国是世界上陆上邻国最多的国家之一，按逆时针方向依次是朝鲜、俄罗斯、蒙古、哈萨克斯坦、吉尔吉斯斯坦、塔吉克斯坦、阿富汗、巴基斯坦、印度、尼泊尔、不丹、缅甸、老挝和越南。目前，除与印度、不丹尚未签订边界条约外，我国已与12个陆地邻国划定并勘定约2万千米边界，解决了绝大部分定界问题。

海上邻国

我国是一个海陆兼备的国家，既有广阔的陆地，又濒临渤海（内海）、黄海、东海、南海及台湾以东的太平洋等辽阔的海域。渤海、黄海、东海、南海连成一片，呈东北—西南向弧形排列，环绕在我国大陆的东面和东南面。

我国大陆海岸线北起鸭绿江口，南至北仑河口，总长度约1.8万千米，仅次于澳大利亚、俄罗斯、美国和加拿大，居世界第五位。岛屿岸线总长度约1.4万千米。

根据《中华人民共和国领海及毗连区法》《中华人民共和国专属经济区和大陆架法》，我国领海基线采用直线基线法划定，由各相邻基点之间的直线连线组成。

2000年12月25日，我国同越南签署了《中华人民共和国和越南社会主义共和国关于两国在北部湾领海、专属经济区和大陆架的划界协定》

及《中华人民共和国政府和越南社会主义共和国政府北部湾渔业合作协定》。北部湾划界协定确定了中越在北部湾的领海、专属经济区和大陆架的分界线。

针对我国与海上邻国之间海洋划界的争议，我国政府多次发表声明，希望通过协商，在国际法基础上，按照公平原则划定各自海洋管辖权界限。

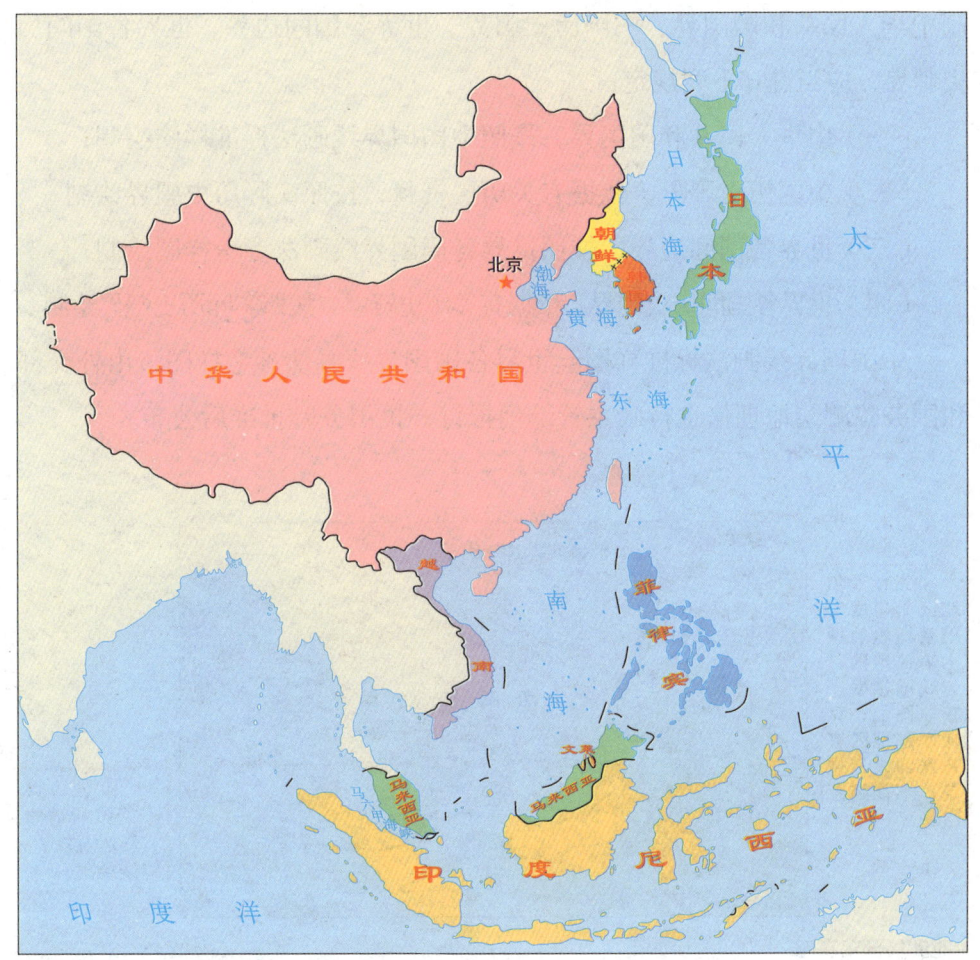

⊕ 与我国在海上相邻或相望的国家示意图

有8个国家与我国在海上相邻或相望，分别是朝鲜、韩国、日本、菲律宾、马来西亚、文莱、印度尼西亚和越南。

在地图上正确表示国界

边界落实在地图上就是国界线。地图上的国界表示了国家版图范围，表明了一个国家的主权意志和政治外交立场，国界表示错误或处理不当会产生严重的政治后果。因此，在地图上表示国界是一件非常严肃的事情，不能随意绘制。

2016年1月1日起施行的《地图管理条例》第十条规定，在地图上绘制中华人民共和国国界、中国历史疆界、世界各国间边界、世界各国间历史疆界，应当遵守下列规定：

（一）中华人民共和国国界，按照中国国界线画法标准样图绘制；

（二）中国历史疆界，依据有关历史资料，按照实际历史疆界绘制；

（三）世界各国间边界，按照世界各国国界线画法参考样图绘制；

（四）世界各国间历史疆界，依据有关历史资料，按照实际历史疆界绘制。

中国国界线画法标准样图、世界各国国界线画法参考样图，由外交部和国务院测绘地理信息行政主管部门拟订，报国务院批准后公布。

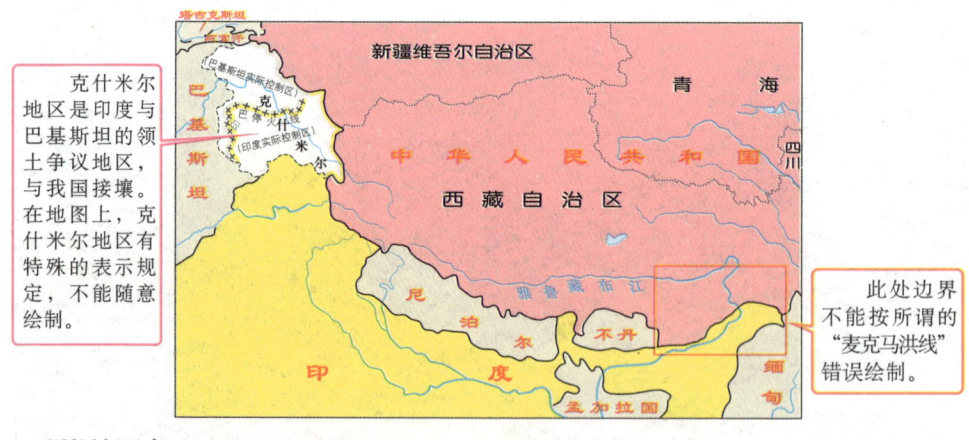

⊕ 亚洲局部示意图

印度是我国西南部邻国，历史上我国和印度有着长期的交往和传统友谊。中印边界长约2 000千米，两国之间尚未签订边界条约。几十年来，两国政府一直在寻找解决边界争端的方法，并进行了多轮中印边界问题会谈。在地图上绘制包括中印边界在内的中国国界，要按照我国的国界线画法标准样图绘制。